# Naomi Klein

## Leitura Corporal Revelada
### Controlando Verdades, Desvendando Mentiras

**Título Original:**
*Body Language Revealed - Controlling Truths, Uncovering Lies*
Copyright © 2023–2025, publicado por Luiz Antonio dos Santos ME
Este livro é uma obra de não-ficção que explora práticas e conceitos no campo da linguagem corporal e da comunicação não verbal. Através de uma abordagem acessível e prática, o autor oferece ferramentas para decodificar sinais corporais, identificar incongruências e aprimorar a percepção interpessoal em diferentes contextos sociais e profissionais.

**1ª Edição**
**Equipe de Produção**
Autor: (coloque o autor do livro)
Editor: Luiz Santos
Capa: Studios Booklas / *Rafael Vieira*
Consultor: *Eduardo Lessa*
Pesquisadores: *Marina Torres, Felipe Andrade, Jonas Melo*
Diagramação: *Lorena Prado*
Tradução: *Carlos Bertoni*

**Publicação e Identificação**
*Leitura Corporal Revelada – Controlando Verdades, Desvendando Mentiras*
Booklas, 2025
Categorias: Comunicação / Psicologia Comportamental
DDC: 153.69 – CDU: 159.923.2

**Todos os direitos reservados a:**
Luiz Antonio dos Santos ME / Booklas
Nenhuma parte deste livro pode ser reproduzida, armazenada num sistema de recuperação ou transmitida por qualquer meio — eletrônico, mecânico, fotocópia, gravação ou outro — sem a autorização prévia e expressa do detentor dos direitos autorais.

# Sumário

Índice Sistemático .................................................................. 5
Prólogo .................................................................................. 10
Capítulo 1 Comunicação Silenciosa ..................................... 14
Capítulo 2 Observação Ativa ................................................ 19
Capítulo 3 Importância do Contexto ..................................... 24
Capítulo 4 Postura Corporal ................................................. 29
Capítulo 5 Gestos Comuns .................................................... 35
Capítulo 6 Expressões Faciais ............................................... 40
Capítulo 7 Contato Visual ..................................................... 46
Capítulo 8 Tom de Voz .......................................................... 52
Capítulo 9 Espaço Pessoal .................................................... 58
Capítulo 10 Toque Social ...................................................... 63
Capítulo 11 Comunicação Congruente .................................. 68
Capítulo 12 Linha de Base .................................................... 73
Capítulo 13 Diferenças Culturais .......................................... 79
Capítulo 14 Diferenças Individuais ....................................... 85
Capítulo 15 Técnica do Espelho ............................................ 92
Capítulo 16 Sinais Positivos .................................................. 98
Capítulo 17 Sinais Negativos ................................................ 105
Capítulo 18 Emoções e Corpo ............................................... 111
Capítulo 19 Autocontrole Corporal ....................................... 117
20 Expressar Confiança ......................................................... 123
Capítulo 21 Influência Positiva ............................................. 130
Capítulo 22 Sinais de Mentira ............................................... 137

Capítulo 23  Microexpressões Faciais ........................................ 143
Capítulo 24  Dissimulação e Ocultação ...................................... 148
Capítulo 25  Detecção de Mentiras ............................................. 154
Capítulo 26  Interpretação Cautelosa .......................................... 160
Capítulo 27  Prática Diária .......................................................... 167
Capítulo 28  Vida Profissional .................................................... 174
Capítulo 29  Vida Social ............................................................. 181
Capítulo 30  Linguagem do Líder ............................................... 188
Capítulo 31  Crescimento Contínuo ............................................ 195
Epílogo ........................................................................................ 202

# Índice Sistemático

Capítulo 1: Comunicação Silenciosa - Aborda o papel da comunicação não verbal nas interações humanas, destacando a importância de gestos, expressões faciais e postura na transmissão de mensagens.

Capítulo 2: Observação Ativa - Explora a importância da observação atenta e consciente para a compreensão da linguagem corporal, ensinando a perceber detalhes sutis e a evitar interpretações errôneas.

Capítulo 3: Importância do Contexto - Enfatiza a necessidade de considerar o ambiente, a cultura e o estado emocional na interpretação da linguagem corporal, evitando análises superficiais.

Capítulo 4: Postura Corporal - Detalha como a postura reflete o estado emocional e a intenção de uma pessoa, abordando o alinhamento do corpo, a posição de braços e pernas, e a importância da sincronia postural.

Capítulo 5: Gestos Comuns - Explora o significado de gestos frequentes na comunicação não verbal, como movimentos de mãos, apertos de mão e acenos de cabeça, e sua importância na transmissão de emoções e intenções.

Capítulo 6: Expressões Faciais - Detalha as sete emoções universais expressas no rosto humano (alegria, tristeza, raiva, medo, surpresa, nojo e desprezo) e a importância de interpretar microexpressões para compreender o estado emocional de alguém.

Capítulo 7: Contato Visual - Aborda o poder do contato visual na comunicação não verbal, explicando como a duração, direção e intensidade do olhar podem revelar intenções e emoções.

Capítulo 8: Tom de Voz - Explica como o tom de voz influencia a interpretação de uma mensagem, analisando elementos como volume, ritmo, entonação e pausas.

Capítulo 9: Espaço Pessoal - Descreve a importância do espaço pessoal na comunicação não verbal, abordando as diferentes zonas de distância interpessoal e como fatores culturais e individuais influenciam a percepção desse espaço.

Capítulo 10: Toque Social - Explora o significado do toque na comunicação não verbal, suas implicações emocionais e culturais, e a importância do contexto e da relação entre os interlocutores para sua interpretação.

Capítulo 11: Comunicação Congruente - Descreve a importância das microexpressões na comunicação não verbal, sua universalidade e como a congruência entre expressões faciais e linguagem corporal revela o estado emocional de uma pessoa.

Capítulo 12: Linha de Base - Explica o conceito de linha de base comportamental, sua importância na interpretação da linguagem corporal e como fatores ambientais e individuais podem influenciar o comportamento.

Capítulo 13: Diferenças Culturais - Aborda como a cultura influencia a linguagem corporal, destacando variações em gestos, contato visual e espaço pessoal, e a importância da adaptação intercultural.

Capítulo 14: Diferenças Individuais - Discute como fatores individuais como personalidade, idade e gênero afetam a linguagem corporal, ressaltando a importância de evitar generalizações e considerar a singularidade de cada pessoa.

Capítulo 15: Técnica do Espelho - Explora o fenômeno do espelhamento na comunicação, como ele reflete conexão e sintonia, e como pode ser usado conscientemente para criar rapport e fortalecer relacionamentos.

Capítulo 16: Sinais Positivos - Descreve os sinais não verbais que indicam abertura, receptividade e conexão, como inclinação do corpo, gestos com as mãos, contato visual, sorrisos e acenos de cabeça.

Capítulo 17: Sinais Negativos - Explora os sinais não verbais que revelam desconforto, desinteresse ou hostilidade, como braços cruzados, desvio do olhar, tensão muscular, inquietação e distanciamento físico.

Capítulo 18: Emoções e Corpo - Descreve a profunda ligação entre emoções e linguagem corporal, como diferentes sentimentos se manifestam na postura, gestos e expressões faciais, e como o corpo pode influenciar as emoções.

Capítulo 19: Autocontrole Corporal - Aborda a importância de controlar a própria linguagem corporal para transmitir a mensagem desejada, projetar confiança e evitar que emoções interfiram na comunicação.

Capítulo 20: Expressar Confiança - Detalha como a confiança é transmitida pela linguagem corporal, incluindo postura, contato visual, gestos, tom de voz e expressão facial, e como desenvolver essa habilidade.

Capítulo 21: Influência Positiva - Explora como usar a linguagem corporal para influenciar positivamente as interações, gerando confiança, encorajando o diálogo e construindo relacionamentos saudáveis.

Capítulo 22: Sinais de Mentira - Descreve os sinais não verbais que podem indicar mentira, como microexpressões, gestos involuntários e mudanças de comportamento, e a importância da leitura contextual para detectar a dissimulação.

Capítulo 23: Microexpressões Faciais - Aprofunda o estudo das microexpressões, sua universalidade e como a capacidade de reconhecê-las permite compreender as emoções verdadeiras por trás das aparências.

Capítulo 24: Dissimulação e Ocultação - Analisa as estratégias de dissimulação e ocultação na comunicação, como a verdade é diluída por omissões e ambiguidades, e os sinais não verbais que podem revelar essas tentativas de engano.

Capítulo 25: Detecção de Mentiras - Detalha os sinais não verbais que podem indicar mentira, a importância da observação da linha de base e do contexto, e como analisar a coerência entre discurso e linguagem corporal para detectar a dissimulação.

Capítulo 26: Interpretação Cautelosa - Aborda a importância de evitar conclusões precipitadas na leitura corporal, considerando o contexto e as diferenças individuais para uma análise mais precisa.

Capítulo 27: Prática Diária - Discute a importância da prática contínua e da observação atenta para aprimorar a habilidade de leitura corporal no cotidiano.

Capítulo 28: Vida Profissional - Explora a aplicação da linguagem corporal no ambiente de trabalho, destacando sua influência na construção de autoridade, comunicação eficaz e liderança.

Capítulo 29: Vida Social - Aborda o papel da linguagem corporal nas interações sociais, enfatizando sua influência na criação de conexões, na expressão de emoções e na navegação de dinâmicas interpessoais.

Capítulo 30: Linguagem do Líder - Descreve como a linguagem corporal influencia a percepção da liderança, destacando a importância da postura, contato visual, gestos e tom de voz na transmissão de confiança e autoridade.

Capítulo 31: Crescimento Contínuo - Enfatiza que o domínio da leitura corporal é um processo contínuo de aprendizado e aprimoramento, que se desenvolve com a prática, observação e adaptação ao contexto.

# Prólogo

Existe um idioma secreto, falado por todos, compreendido por poucos e negligenciado pela maioria. Um idioma que antecede a palavra, atravessa culturas, transcende fronteiras e revela mais do que qualquer discurso poderia expressar. Um idioma que você já domina — mesmo sem saber — e que, a partir deste momento, poderá acessar de forma consciente, transformando radicalmente a maneira como você percebe o mundo e se conecta com as pessoas ao seu redor.

Você está prestes a iniciar uma jornada silenciosa — mas ensurdecedora em suas revelações. Um mergulho profundo em uma sabedoria ancestral esquecida e, ao mesmo tempo, respaldada por descobertas modernas e evidências científicas. Este livro não é apenas uma leitura: é um espelho. Um espelho que reflete o que muitos tentam esconder, que revela o que a linguagem oculta e que desnuda intenções com uma precisão quase inquietante.

Ao virar as próximas páginas, você descobrirá que o corpo nunca mente. Que cada gesto, cada microexpressão, cada inclinação sutil, cada silêncio e até mesmo o espaço que ocupamos ao lado de alguém, é uma confissão não verbal — uma verdade crua e irrefreável que grita por quem estiver atento.

Se permita acessar um novo nível de percepção. Este conteúdo desperta em você uma habilidade quase esquecida, adormecida sob camadas de distrações cotidianas. Aqui, você será convidado a observar o mundo como ele realmente é — não como as palavras dizem que é.

Sinta a pulsação das entrelinhas no olhar de um desconhecido. Decifre o verdadeiro sentimento por trás de um sorriso aparentemente cordial. Reconheça a presença de medo, confiança, desejo, raiva ou engano antes mesmo de qualquer som ser emitido. Isso não é intuição mágica; é ciência aliada à sensibilidade. É conhecimento refinado, cuidadosamente estruturado para que qualquer pessoa, com prática e atenção, possa se tornar fluente na linguagem oculta do corpo humano.

Cada capítulo deste livro foi construído com base em observações reais, estudos de comportamento, análises interculturais e práticas diárias de interação humana. Mas mais do que teoria, o que você encontrará aqui são chaves — chaves que destravam portas internas, que abrem passagens para conexões mais autênticas, influências mais efetivas e decisões mais conscientes.

Ao dominar essa leitura silenciosa, você se tornará mais do que um observador atento. Você se tornará um estrategista da presença. Alguém que entende o que não foi dito, que sente o que não foi mostrado, que percebe antes mesmo da consciência do outro captar sua própria emoção. Isso não é apenas poder — é responsabilidade.

Prepare-se para reconhecer os sinais de mentira com uma clareza desconcertante. Para identificar quem está em sintonia com você, quem está desconfortável, quem está tentando manipular, esconder ou disfarçar. Mas também prepare-se para ver a si mesmo. Porque ao aprender a ler o outro, inevitavelmente você aprenderá a ler a si. E essa talvez seja a mais poderosa de todas as revelações contidas neste livro.

Você aprenderá, por exemplo, que seu próprio corpo pode ser moldado para expressar confiança mesmo em momentos de dúvida. Que sua postura pode influenciar seu estado emocional e que pequenos ajustes em sua linguagem corporal podem redefinir como o mundo te percebe. A comunicação não verbal não é apenas sobre os outros — é também um portal de autotransformação.

Este livro é como um mapa. Um mapa para quem deseja navegar por territórios complexos como relacionamentos, negociações, entrevistas, lideranças, conversas difíceis e até silêncios constrangedores. É uma bússola para quem se recusa a ser enganado por palavras ensaiadas ou gestos artificiais. É um farol para quem quer iluminar as intenções humanas mais profundas, inclusive as suas próprias.

Não se engane: ao final desta jornada, você não será mais o mesmo. Seus olhos verão além da superfície. Sua escuta se tornará mais atenta. Suas relações ganharão um novo nível de profundidade. Mas acima de tudo, sua compreensão da verdade — da sua verdade e da verdade alheia — será ampliada como nunca antes.

    Este é o convite que lhe faço: descubra o que está além do óbvio, desperte uma nova forma de enxergar o mundo e permita-se mergulhar em uma leitura que não apenas informa, mas transforma.

    Luiz Santos
    Editor

# Capítulo 1
# Comunicação Silenciosa

A comunicação não verbal desempenha um papel essencial na forma como nos conectamos, interpretamos intenções e compreendemos as mensagens ocultas no comportamento humano. Quando falamos sobre linguagem corporal, estamos nos referindo a um sistema complexo de sinais que vai além das palavras e se manifesta por meio de expressões faciais, gestos, postura, movimento ocular, tom de voz e até mesmo a forma como uma pessoa se posiciona em um ambiente.

Estudos mostram que aproximadamente 55% da comunicação humana ocorre através de expressões faciais e gestos, 38% está relacionada ao tom de voz e apenas 7% corresponde às palavras propriamente ditas. Isso significa que, muitas vezes, as informações mais autênticas e significativas não são transmitidas por meio da fala, mas sim pelos sinais sutis do corpo. A habilidade de interpretar essa comunicação silenciosa não apenas melhora a forma como interagimos socialmente, mas também amplia nossa percepção sobre a verdade por trás das palavras ditas.

Desde o momento em que nos encontramos com alguém, nossa mente capta e processa diversos estímulos não verbais que nos ajudam a formar impressões instantâneas sobre a pessoa. Esses sinais são percebidos muitas vezes de maneira inconsciente, mas exercem grande influência sobre nossas decisões e sentimentos em relação ao outro. O primeiro contato visual, a inclinação do corpo, a rigidez dos ombros e até o ritmo da respiração revelam aspectos fundamentais do estado emocional e das intenções de um indivíduo.

Os especialistas em comportamento humano analisam a comunicação não verbal como um conjunto de códigos que podem ser decifrados quando observados de maneira sistemática e contextualizada. Não se trata apenas de identificar um gesto isolado e atribuir a ele um significado fixo, mas sim de entender a congruência entre múltiplos sinais, avaliar o contexto da interação e perceber se existe harmonia entre as palavras ditas e o comportamento demonstrado. Quando há uma discrepância entre o que é falado e o que é expresso pelo corpo, a tendência é que o corpo revele a verdadeira intenção.

A postura corporal é um dos primeiros aspectos observados em qualquer interação. Pessoas que se sentam ou permanecem de pé com uma postura ereta, mas relaxada, transmitem autoconfiança e receptividade. Em contrapartida, uma postura encolhida ou curvada pode indicar insegurança, desconforto ou desinteresse. Pequenos ajustes na forma como se posiciona o corpo podem alterar significativamente a percepção que os outros têm sobre alguém.

Os gestos desempenham um papel fundamental na comunicação silenciosa, complementando e enfatizando as palavras faladas. Movimentos de mãos abertos e voltados para cima geralmente indicam sinceridade e abertura, enquanto gestos fechados e retraídos podem sugerir resistência ou falta de transparência. Além disso, gestos excessivamente controlados ou forçados podem ser percebidos como sinais de nervosismo ou tentativa de ocultar informações.

As expressões faciais são uma das formas mais poderosas de comunicação não verbal, pois refletem emoções de maneira involuntária e espontânea. O rosto humano possui uma complexa rede de músculos que possibilita a manifestação de sentimentos genuínos. O movimento das sobrancelhas, a contração dos músculos ao redor da boca e a tensão na testa são indicativos valiosos das emoções subjacentes a uma interação. Um sorriso verdadeiro, por exemplo, envolve não apenas os lábios, mas também os músculos ao redor dos olhos, enquanto um sorriso falso pode ser identificado pela falta dessa ativação muscular.

Outro elemento essencial da comunicação silenciosa é o contato visual. Os olhos são frequentemente chamados de "espelho da alma" por sua capacidade de revelar sentimentos e intenções. Manter um contato visual firme e equilibrado demonstra interesse e segurança, enquanto evitar olhar diretamente pode indicar timidez, desconforto ou até mesmo engano. No entanto, é importante considerar as diferenças culturais e individuais, pois algumas pessoas podem desviar o olhar como parte de seu padrão natural de comportamento.

O espaço pessoal também comunica mensagens importantes sobre o nível de conforto e relação entre os interlocutores. A proximidade física entre duas pessoas pode indicar intimidade e confiança, enquanto a manutenção de uma distância maior pode sugerir formalidade ou reserva. A variação da distância interpessoal é influenciada por fatores culturais e sociais, e respeitar esses limites é fundamental para estabelecer uma comunicação eficaz e respeitosa.

O tom de voz e o ritmo da fala são aspectos frequentemente negligenciados na comunicação não verbal, mas exercem grande impacto sobre a forma como uma mensagem é recebida. Um tom de voz calmo e pausado pode transmitir tranquilidade e credibilidade, enquanto uma fala acelerada e com variações bruscas pode indicar ansiedade ou nervosismo. A forma como as palavras são articuladas e o uso de pausas estratégicas também contribuem para a clareza e persuasão do discurso.

Ao longo deste livro, exploraremos de forma aprofundada cada um desses elementos da linguagem corporal, ensinando como identificar padrões comportamentais, interpretar gestos e expressões faciais, e aplicar esse conhecimento no cotidiano para melhorar a comunicação interpessoal. O domínio da comunicação silenciosa permite não apenas entender melhor os outros, mas também aprimorar a própria forma de se expressar, tornando as interações mais autênticas e eficazes.

A comunicação não verbal não é apenas um complemento à fala, mas, muitas vezes, o principal veículo para transmitir emoções e intenções genuínas. O desafio está em desenvolver a sensibilidade necessária para interpretar esses sinais de forma precisa, sem cair em generalizações precipitadas. Cada gesto, olhar ou postura deve ser analisado em conjunto com outros elementos do contexto, levando em consideração variáveis como cultura, personalidade e circunstâncias específicas da interação. Quando essa leitura é feita com atenção e discernimento, torna-se possível acessar camadas mais profundas da comunicação humana, muitas vezes inacessíveis por meio das palavras.

Além de aprimorar as interações interpessoais, a compreensão da linguagem corporal tem implicações diretas em diversas áreas da vida, desde negociações e entrevistas de emprego até relacionamentos pessoais e liderança. Pessoas que dominam a comunicação silenciosa conseguem transmitir confiança, empatia e autenticidade com maior facilidade, conquistando conexões mais genuínas e eficazes. Da mesma forma, essa habilidade permite identificar incongruências entre discurso e comportamento, favorecendo uma percepção mais apurada das verdadeiras intenções por trás das interações.

Ao compreender a importância da comunicação não verbal e seu impacto na construção das relações humanas, abre-se um caminho para um diálogo mais consciente e significativo. O corpo fala de forma espontânea, revelando verdades que muitas vezes tentamos esconder com palavras. Aprender a escutá-lo e interpretá-lo com precisão é um passo essencial para desenvolver uma comunicação mais clara, empática e poderosa.

# Capítulo 2
# Observação Ativa

Observar ativamente é a chave para compreender a comunicação não verbal de forma precisa. Muitas vezes, as pessoas acreditam que já prestam atenção ao que acontece ao seu redor, mas a realidade é que grande parte das interações cotidianas ocorre no piloto automático. O cérebro humano filtra uma quantidade imensa de informações a cada segundo, e isso faz com que muitos detalhes importantes passem despercebidos. Desenvolver a habilidade de observação ativa significa treinar o olhar para perceber nuances que antes passavam despercebidas, tornando a leitura corporal uma ferramenta real para interpretar intenções e emoções com mais clareza.

A primeira etapa do processo é desacelerar a percepção e direcionar a atenção para os detalhes que compõem o comportamento humano. Isso inclui observar o alinhamento corporal, a sincronia entre gestos e palavras, as microexpressões faciais e até mesmo a forma como alguém se movimenta em um ambiente. Uma boa observação não se trata apenas de olhar, mas de realmente enxergar. Quem observa de maneira ativa não apenas registra informações visuais, mas também faz conexões entre os sinais percebidos e o contexto da situação.

A mente humana tende a preencher lacunas com suposições baseadas em experiências prévias, o que pode levar a interpretações errôneas se a observação não for conduzida com precisão. Para evitar vieses, é fundamental desenvolver uma abordagem isenta de julgamentos apressados. A observação ativa exige que se mantenha a neutralidade, permitindo que os sinais não verbais falem por si mesmos antes de atribuir um significado definitivo a eles. Uma pessoa pode parecer nervosa porque está mentindo, mas também pode demonstrar os mesmos sinais por estar sob pressão ou ansiosa em determinada situação.

A observação ativa envolve o conceito de linha de base, que corresponde ao comportamento natural de um indivíduo quando está relaxado e sem influência de fatores externos. Antes de interpretar mudanças na linguagem corporal, é essencial conhecer como a pessoa normalmente se comporta. Isso significa observar padrões de postura, gestos recorrentes, expressões habituais e até mesmo padrões de fala. Somente quando se identifica um desvio desse comportamento padrão é possível inferir que algo mudou e, portanto, merece uma análise mais aprofundada.

O ambiente e a dinâmica do contexto também desempenham um papel fundamental na interpretação da comunicação não verbal. A maneira como alguém se comporta em um ambiente formal pode ser diferente de como age em um contexto descontraído. O nível de conforto ou desconforto de uma pessoa pode ser refletido na forma como ela posiciona seu corpo, no ritmo de sua fala ou na direção do olhar. Uma mudança repentina na postura pode indicar uma reação a algo dito ou a um estímulo externo, e cabe ao observador ativo perceber essa transição e entender o que pode tê-la causado.

A escuta ativa complementa a observação ativa, pois a comunicação não verbal não ocorre isoladamente da comunicação verbal. O tom de voz, as pausas na fala e a ênfase em certas palavras são pistas importantes que ajudam a reforçar ou contradizer as mensagens expressadas pelo corpo. A sincronia entre o que é dito e a forma como o corpo se comporta é um dos principais indicativos de autenticidade na comunicação. Quando há inconsistências, o observador atento pode notar sinais de desconforto ou hesitação.

A prática contínua é essencial para desenvolver essa habilidade de maneira eficaz. Treinar o olhar para captar detalhes sutis exige paciência e disciplina, mas os resultados compensam. Uma forma eficaz de praticar é observar interações em locais públicos, como cafés, aeroportos ou reuniões sociais, analisando como as pessoas se expressam sem precisar ouvir suas conversas. Isso permite que se treine a percepção de gestos, expressões faciais e postura sem a interferência do conteúdo verbal.

Outro exercício valioso é assistir a vídeos de entrevistas e discursos sem som, tentando interpretar as emoções e intenções dos participantes apenas com base em sua linguagem corporal. Em seguida, ao ativar o áudio, pode-se verificar se a percepção inicial estava correta ou se houve algo que passou despercebido. Esse tipo de prática ajuda a refinar a sensibilidade para captar sinais não verbais com maior precisão.

Observar ativamente não significa apenas perceber os sinais alheios, mas também se tornar mais consciente da própria linguagem corporal. Muitas vezes, as pessoas não percebem como seus próprios gestos e posturas influenciam a forma como são interpretadas pelos outros. Desenvolver essa percepção permite ajustes conscientes para projetar uma imagem mais alinhada com a intenção comunicativa.

A verdadeira maestria na observação ativa não está apenas em captar sinais isolados, mas em conectar os pontos de maneira holística, considerando o conjunto completo de elementos presentes em uma interação. Um olhar desviado pode indicar desinteresse, mas também pode refletir timidez ou reflexão profunda. Um cruzar de braços pode sinalizar resistência, mas também pode ser apenas uma posição confortável para o indivíduo. Por isso, o observador atento não se limita a interpretações superficiais, mas busca entender a coerência entre gestos, expressões e contexto, transformando a observação em uma ferramenta poderosa de compreensão interpessoal.

Além disso, a observação ativa vai além do simples reconhecimento de padrões e se torna um diferencial significativo na forma como nos relacionamos com os outros. Ao aprimorar essa habilidade, desenvolvemos maior empatia e percepção das necessidades alheias, sendo capazes de ajustar nossa própria comunicação para criar interações mais fluidas e eficazes. Esse nível de atenção nos permite antecipar reações, compreender emoções não verbalizadas e até evitar conflitos desnecessários. Dessa forma, a observação deixa de ser um processo passivo e se transforma em um mecanismo estratégico de conexão e influência.

O desenvolvimento dessa capacidade não acontece de maneira instantânea, mas sim por meio da prática consciente e do refinamento contínuo da percepção. Quanto mais treinamos nossa atenção para os detalhes sutis da comunicação humana, mais preciso se torna nosso entendimento sobre o comportamento das pessoas ao nosso redor. Ao final, a observação ativa não é apenas uma técnica, mas um verdadeiro convite para enxergar o mundo sob uma nova perspectiva, onde cada gesto, olhar e postura contam uma história que merece ser ouvida.

# Capítulo 3
## Importância do Contexto

Interpretar corretamente a linguagem corporal exige mais do que simplesmente reconhecer gestos e expressões isoladas. O contexto em que esses sinais ocorrem desempenha um papel fundamental na análise da comunicação não verbal. Sem levar em consideração o ambiente, as circunstâncias e o estado emocional do indivíduo, corre-se o risco de interpretar erroneamente os sinais observados. A importância do contexto é um dos princípios essenciais para a leitura corporal eficaz e deve ser compreendida antes que qualquer análise seja feita.

O primeiro fator a considerar no contexto da comunicação não verbal é o ambiente. A forma como uma pessoa se comporta em um local de trabalho pode ser completamente diferente da maneira como age em uma reunião entre amigos. O mesmo gesto pode ter significados distintos dependendo do cenário. Braços cruzados em uma conversa casual podem indicar apenas relaxamento, enquanto em uma discussão acalorada podem sinalizar resistência ou fechamento emocional. Da mesma forma, um sorriso pode ser um gesto amigável e genuíno ou apenas um reflexo social de educação sem envolvimento emocional real.

A cultura também influencia fortemente a maneira como a linguagem corporal se manifesta e é interpretada. Gestos que são considerados positivos em uma cultura podem ser ofensivos em outra. Por exemplo, o sinal de "ok" feito com os dedos polegar e indicador formando um círculo pode significar aprovação em algumas regiões, mas em certos países pode ser interpretado de maneira negativa. A mesma regra se aplica ao contato visual. Em algumas culturas ocidentais, manter o olhar firme é um sinal de confiança e respeito, enquanto em outras, evitar o contato visual pode ser um gesto de humildade ou respeito à hierarquia.

Outro fator que afeta a leitura corporal é o estado emocional da pessoa observada. Quando alguém está sob estresse, ansiedade ou fadiga, sua linguagem corporal pode apresentar sinais que, em outras circunstâncias, poderiam ser interpretados de forma equivocada. Uma pessoa inquieta, mexendo constantemente os pés ou esfregando as mãos, pode estar simplesmente nervosa devido a um ambiente desconhecido e não necessariamente escondendo algo ou mentindo. Da mesma forma, a falta de contato visual pode não ser um sinal de dissimulação, mas sim de timidez ou desconforto social.

O relacionamento entre as pessoas envolvidas também afeta a interpretação da linguagem corporal. Duas pessoas que possuem um vínculo próximo costumam exibir posturas mais relaxadas e gestos de confiança mútua, como inclinações sutis do corpo e contato visual prolongado. Por outro lado, em interações formais ou com hierarquia estabelecida, a linguagem corporal tende a ser mais contida e controlada. A posição de poder dentro de uma interação também pode influenciar os gestos observados. Alguém em posição de liderança pode demonstrar mais gestos expansivos e posturas abertas, enquanto subordinados podem adotar posturas mais fechadas e gestos discretos.

As circunstâncias momentâneas e os fatores externos precisam ser levados em conta antes de se atribuir um significado definitivo a qualquer gesto ou expressão. Por exemplo, uma pessoa pode parecer tensa e retraída porque está enfrentando um problema pessoal, e não porque está desconfortável com a conversa. Da mesma forma, uma mudança repentina na postura pode ser apenas uma tentativa de aliviar um incômodo físico, e não uma reação emocional. O observador atento deve estar ciente dessas variáveis e buscar padrões consistentes antes de fazer qualquer interpretação.

Para tornar a análise da linguagem corporal mais precisa, é importante identificar a linha de base do comportamento de cada pessoa. Cada indivíduo tem um conjunto próprio de gestos e expressões que realiza naturalmente. Antes de interpretar uma mudança de comportamento como um sinal significativo, é necessário ter uma referência de como essa pessoa age normalmente. Uma alteração brusca em sua linguagem corporal pode indicar que algo mudou, mas sem a linha de base, essa mudança pode ser interpretada erroneamente.

A sincronia entre a comunicação verbal e a não verbal também deve ser avaliada no contexto de uma interação. Quando há coerência entre as palavras ditas e os gestos observados, a mensagem se torna mais clara e confiável. Entretanto, quando há uma discrepância entre o que se diz e o que se demonstra com o corpo, essa incongruência pode indicar sentimentos ocultos ou falta de sinceridade. Um sorriso acompanhado de olhos tensos e ombros encolhidos pode não ser um sinal genuíno de felicidade, mas sim uma tentativa de esconder desconforto ou ansiedade.

A aplicação desse conhecimento no cotidiano permite que a leitura corporal se torne mais refinada e útil. Em interações sociais, considerar o contexto ajuda a evitar mal-entendidos e julgamentos precipitados. Em ambientes profissionais, a análise contextual da comunicação não verbal pode auxiliar na interpretação de reações sutis, melhorando a tomada de decisões e a gestão de relacionamentos interpessoais. Em situações de negociação, compreender o impacto do contexto pode fornecer insights valiosos sobre o estado emocional e as intenções da outra parte.

A análise eficaz da linguagem corporal exige não apenas sensibilidade para captar sinais, mas também discernimento para interpretá-los de maneira contextualizada. Um gesto isolado não pode ser tomado como evidência absoluta de um estado emocional ou intenção; é necessário considerar a soma dos elementos ao redor. A postura corporal, o tom de voz e as expressões faciais só podem ser compreendidos plenamente quando analisados dentro do ambiente em que ocorrem. Dessa forma, a leitura da comunicação não verbal se transforma em uma ferramenta precisa e sofisticada, permitindo interpretações mais fiéis à realidade.

Além disso, a atenção ao contexto proporciona uma vantagem significativa na construção de interações mais autênticas e eficazes. Quando se compreende que um comportamento pode variar conforme a cultura, o ambiente ou o estado emocional do indivíduo, evitam-se conclusões precipitadas e julgamentos errôneos. Essa abordagem favorece uma comunicação mais empática e estratégica, pois permite ajustar a própria linguagem corporal para criar um ambiente de maior sintonia e conexão. O domínio desse conhecimento se reflete tanto na vida pessoal quanto no ambiente profissional, ampliando a capacidade de se relacionar e influenciar positivamente os outros.

Ao reconhecer a importância do contexto na leitura da linguagem corporal, abre-se um novo horizonte na forma de compreender o comportamento humano. Cada gesto, olhar ou expressão carrega significados que vão além da superfície, e a habilidade de interpretar esses sinais com precisão se torna um diferencial valioso. O verdadeiro poder da comunicação não verbal não está apenas em perceber os sinais, mas em saber analisá-los dentro do cenário adequado, transformando a observação em uma ferramenta poderosa de entendimento e conexão.

# Capítulo 4
# Postura Corporal

A postura corporal é um dos aspectos mais reveladores da comunicação não verbal. A forma como uma pessoa se posiciona, a maneira como distribui o peso do corpo e a orientação de seus ombros e cabeça transmitem mensagens claras sobre seu estado emocional, nível de confiança e intenção na interação. Diferente de gestos e microexpressões, que podem ser fugazes, a postura é uma manifestação contínua e, por isso, oferece informações valiosas a quem sabe observá-la corretamente.

A primeira característica essencial a ser analisada na postura corporal é o alinhamento do corpo. Uma postura ereta, mas relaxada, indica confiança, segurança e receptividade. Quando alguém se mantém de pé ou sentado com a coluna alinhada, os ombros ligeiramente para trás e a cabeça erguida, transmite uma imagem de autoridade e autocontrole. Esse tipo de postura é frequentemente adotado por líderes e pessoas que desejam demonstrar credibilidade e domínio da situação.

Por outro lado, uma postura encolhida, com os ombros caídos e a cabeça inclinada para baixo, pode ser um indicativo de insegurança, medo ou submissão. Pessoas que adotam essa posição frequentemente tentam evitar ser notadas, demonstrando um comportamento mais reservado ou desconfortável. Esse tipo de postura também pode refletir tristeza ou cansaço, sendo importante correlacioná-la com outros sinais não verbais e com o contexto da situação.

A posição dos braços e das pernas também desempenha um papel fundamental na comunicação não verbal. Cruzar os braços pode ser um gesto defensivo ou de fechamento emocional, especialmente se combinado com um rosto tenso e uma postura rígida. No entanto, esse gesto também pode ser simplesmente um hábito ou uma forma de conforto. É importante analisar se a pessoa mantém essa postura por longos períodos ou se a cruza momentaneamente em resposta a um estímulo específico.

Manter os braços soltos ao lado do corpo, com as mãos visíveis, é um sinal de abertura e disposição para interagir. Esse tipo de postura sugere que a pessoa está relaxada e acessível, o que facilita a construção de rapport em uma conversa. Da mesma forma, gestos leves com as mãos enquanto se fala ajudam a reforçar a mensagem transmitida, tornando a comunicação mais expressiva e dinâmica.

A posição das pernas e dos pés pode fornecer pistas importantes sobre o estado emocional e as intenções de uma pessoa. Quando alguém se mantém com os pés bem apoiados no chão e com uma distribuição equilibrada do peso do corpo, sugere estabilidade e confiança. Em contrapartida, balançar constantemente as pernas ou mudar de posição repetidamente pode indicar ansiedade ou impaciência.

Um detalhe interessante é a direção para a qual os pés estão apontados. Em interações sociais, os pés geralmente se orientam na direção da pessoa de maior interesse. Se, durante uma conversa, os pés de alguém estiverem apontados para a saída ou para outra pessoa, isso pode indicar um desejo inconsciente de encerrar a interação ou mudar o foco.

A inclinação do corpo também é um indicador poderoso de interesse ou desinteresse. Quando uma pessoa se inclina levemente para frente ao ouvir alguém, demonstra envolvimento e atenção. Esse tipo de postura é comum em conversas animadas e interações onde há uma conexão genuína entre os envolvidos. Por outro lado, quando o corpo se inclina para trás, pode ser um sinal de distanciamento emocional ou desconforto com o assunto abordado. A inclinação para os lados, especialmente se acompanhada por um olhar desviado, pode sugerir tédio ou desinteresse.

Além dos aspectos individuais da postura, é importante analisar como ela se ajusta ao ambiente e ao contexto da interação. Em uma reunião de negócios, por exemplo, uma postura firme e bem posicionada pode indicar profissionalismo e confiança. Em um ambiente mais descontraído, a postura tende a ser mais relaxada e informal. Alguém que mantém uma postura muito rígida em uma situação que exige flexibilidade pode ser percebido como tenso ou inflexível, enquanto uma postura excessivamente relaxada em um contexto formal pode transmitir falta de comprometimento.

Outro fator relevante na leitura da postura corporal é a sincronia entre a postura e os demais sinais não verbais. Se alguém está verbalmente demonstrando entusiasmo, mas sua postura está retraída e tensa, há uma incongruência que pode indicar que o entusiasmo não é genuíno. Por outro lado, quando a postura está alinhada com o discurso, a mensagem transmitida se torna mais coerente e persuasiva. A congruência entre postura e fala fortalece a credibilidade e facilita a interpretação da intenção por trás das palavras.

O impacto da postura corporal não se restringe à forma como os outros nos percebem, mas também influencia a maneira como nos sentimos internamente. Estudos sugerem que a adoção de uma postura confiante pode impactar a fisiologia do corpo, reduzindo os níveis de cortisol (hormônio do estresse) e aumentando a testosterona, que está associada à sensação de poder e controle. Isso significa que ajustar conscientemente a postura pode ajudar a reforçar sentimentos de segurança e domínio de uma situação. Práticas como manter os ombros alinhados, a cabeça erguida e ocupar o espaço ao redor sem retração podem contribuir para um estado mental mais positivo e assertivo.

Para desenvolver uma percepção mais aguçada da postura corporal, é recomendável praticar a auto-observação e observar padrões em outras pessoas. Notar como a postura muda em diferentes circunstâncias e como afeta a dinâmica da interação pode fornecer insights valiosos sobre a comunicação não verbal. Além disso, ajustar conscientemente a própria postura pode melhorar a forma como somos percebidos pelos outros e até mesmo influenciar nosso próprio comportamento e estado emocional.

A postura corporal, além de ser um reflexo do estado emocional e da intenção comunicativa, tem um papel dinâmico na interação social. Pequenos ajustes podem modificar significativamente a forma como uma pessoa é percebida e a maneira como se sente em uma determinada situação. Estar atento a essas sutilezas permite não apenas interpretar melhor os outros, mas também utilizar a própria postura como uma ferramenta estratégica para transmitir confiança, acessibilidade ou autoridade. O corpo, por si só, conta uma história, e cabe ao observador treinado aprender a decifrá-la sem depender exclusivamente das palavras.

Ao compreender os sinais transmitidos pela postura, é possível aprimorar a comunicação interpessoal em diversas áreas da vida. No ambiente profissional, uma postura firme e alinhada pode ser decisiva para causar uma impressão de competência e liderança. Em contextos sociais, ajustar a posição do corpo de acordo com o nível de conforto e engajamento desejado pode facilitar conexões mais autênticas. O equilíbrio entre expressividade e controle corporal é essencial para criar uma presença que inspire respeito e credibilidade, sem parecer forçada ou artificial.

Assim, o estudo da postura corporal vai além da mera observação passiva e se torna uma ferramenta valiosa para o autoconhecimento e a interação humana. Ao desenvolver consciência sobre a própria linguagem corporal e a dos outros, ampliamos nossa capacidade de nos expressar de forma clara e eficaz. O corpo sempre se comunica, e aprender a utilizar esse recurso de maneira intencional abre caminho para interações mais assertivas e impactantes, onde as mensagens são transmitidas com autenticidade e poder.

# Capítulo 5
# Gestos Comuns

Os gestos desempenham um papel fundamental na comunicação não verbal, complementando e, muitas vezes, substituindo as palavras. São movimentos expressivos das mãos, braços, cabeça e outras partes do corpo que transmitem emoções, intenções e reforçam significados. Algumas culturas possuem gestos específicos com significados particulares, enquanto outras compartilham gestos universais que podem ser compreendidos independentemente do idioma falado. Compreender esses sinais é essencial para interpretar corretamente as mensagens que as pessoas transmitem inconscientemente.

Dentre os gestos mais comuns na comunicação humana, destacam-se aqueles que expressam sinceridade, abertura e interesse. Gestos com as mãos abertas e voltadas para cima, por exemplo, costumam indicar honestidade e disposição para compartilhar informações. Esse é um sinal clássico usado inconscientemente por pessoas que desejam demonstrar transparência. Por outro lado, mãos fechadas, ocultas nos bolsos ou mantidas atrás do corpo podem indicar reservas, insegurança ou tentativa de esconder algo.

O movimento das mãos ao falar é outro aspecto importante a ser observado. Algumas pessoas gesticulam naturalmente enquanto se comunicam, e esse tipo de comportamento é frequentemente associado a indivíduos expressivos e confiantes. Gestos bem sincronizados com a fala ajudam a enfatizar pontos importantes, tornando a comunicação mais envolvente e clara. Quando há ausência total de gesticulação, pode ser um indicativo de insegurança ou tensão. Por outro lado, gestos excessivos e descoordenados podem transmitir nervosismo ou tentativa de manipulação da narrativa.

O aperto de mão é um dos gestos mais simbólicos e expressivos dentro da comunicação não verbal. Um aperto firme e seguro indica confiança, enquanto um aperto fraco pode sugerir falta de entusiasmo ou insegurança. Da mesma forma, um aperto de mão excessivamente forte pode ser interpretado como um sinal de dominação ou agressividade. A forma como esse gesto é realizado pode impactar significativamente a primeira impressão sobre alguém, principalmente em ambientes formais e profissionais.

Outro gesto comum que transmite envolvimento e atenção é o aceno de cabeça. Quando uma pessoa acena levemente a cabeça enquanto ouve alguém falar, ela sinaliza que está acompanhando a conversa e compreendendo o que está sendo dito. Esse é um comportamento amplamente observado em interações sociais e profissionais, sendo um indicativo de escuta ativa e respeito pela comunicação do outro. No entanto, acenos excessivos podem ser interpretados como impaciência ou uma tentativa de encerrar a conversa rapidamente.

O gesto de apontar, quando realizado de forma direta com o dedo indicador, pode ser percebido como agressivo ou autoritário. Em muitas culturas, apontar diretamente para uma pessoa é considerado rude, pois pode transmitir acusação ou imposição. Uma alternativa mais amigável e respeitosa ao apontamento direto é o uso da mão aberta, que suaviza a intenção e evita criar um clima de confronto.

As expressões faciais também podem ser consideradas gestos, pois comunicam emoções instantaneamente. O ato de franzir a testa pode indicar preocupação ou confusão, enquanto erguer as sobrancelhas momentaneamente sugere surpresa ou curiosidade. Um sorriso autêntico, aquele que envolve não apenas os lábios, mas também os músculos ao redor dos olhos, é um dos gestos mais universais de simpatia e acolhimento. Já um sorriso forçado, onde apenas os lábios se movem, pode indicar desconforto ou falsidade.

As mãos levadas ao rosto durante uma conversa são gestos que podem indicar diferentes estados emocionais. Tocar levemente o queixo enquanto alguém fala pode sugerir reflexão ou avaliação cuidadosa da informação recebida. Já cobrir a boca com a mão pode ser um indicativo de tentativa de ocultação de uma opinião ou até mesmo um reflexo inconsciente quando alguém se sente desconfortável com o que está ouvindo ou dizendo.

Gestos repetitivos, como tocar os cabelos constantemente, mexer em objetos ou esfregar as mãos, podem revelar estados de ansiedade ou nervosismo. Esses gestos são conhecidos como manipuladores ou pacificadores, pois ajudam a pessoa a aliviar a tensão interna. Embora possam ser interpretados como sinais de desconforto, é importante considerar o contexto e a linha de base comportamental da pessoa antes de tirar conclusões precipitadas.

Os gestos, além de transmitirem emoções e intenções, também desempenham um papel importante na construção de conexões interpessoais. A sincronia entre gestos e palavras fortalece a credibilidade de quem se comunica, enquanto discrepâncias entre o que é dito e o que é gesticulado podem gerar desconfiança. Por exemplo, uma pessoa que afirma estar tranquila, mas cruza os braços e evita o contato visual, pode, na verdade, estar transmitindo insegurança ou desconforto. Dessa forma, interpretar corretamente os gestos requer não apenas observação, mas também sensibilidade para compreender o contexto e os padrões individuais de comportamento.

Além disso, os gestos podem variar conforme a cultura e a situação social, tornando essencial a consciência intercultural na comunicação. Um gesto que é amigável em uma sociedade pode ser interpretado como rude ou ofensivo em outra. O simples ato de sinalizar "ok" com os dedos, por exemplo, tem significados distintos ao redor do mundo, podendo representar aprovação em alguns países e um insulto grave em outros. Essa variação destaca a importância de não apenas reconhecer os gestos comuns, mas também de compreender suas nuances culturais e adaptar-se adequadamente a diferentes contextos.

A comunicação não verbal, representada pelos gestos, é uma ferramenta poderosa que pode reforçar ou contradizer o que é expresso verbalmente. Seja para demonstrar empatia, fortalecer vínculos ou evitar mal-entendidos, o domínio da linguagem corporal é um diferencial na interação humana. Ao compreender os gestos e usá-los de forma consciente, é possível transmitir mensagens com maior clareza, estabelecer relações mais autênticas e interpretar melhor as intenções dos outros, enriquecendo a comunicação de maneira significativa.

# Capítulo 6
# Expressões Faciais

As expressões faciais são um dos elementos mais ricos e reveladores da comunicação não verbal. O rosto humano é composto por dezenas de músculos que trabalham em conjunto para expressar emoções de maneira espontânea e, muitas vezes, inconsciente. A capacidade de interpretar corretamente essas expressões é essencial para compreender o estado emocional de uma pessoa e decodificar intenções ocultas que podem não ser expressas verbalmente.

Os estudos de Paul Ekman sobre microexpressões faciais demonstraram que existem sete emoções universais que são reconhecidas em todas as culturas: felicidade, tristeza, raiva, medo, surpresa, nojo e desprezo. Cada uma dessas emoções possui um conjunto característico de movimentos musculares que aparecem no rosto e podem ser identificados independentemente da origem cultural do indivíduo. Essa universalidade da expressão emocional confirma que a leitura da linguagem facial pode ser uma ferramenta poderosa para a interpretação do comportamento humano.

A felicidade, por exemplo, é expressa por meio de um sorriso autêntico, que envolve tanto os músculos ao redor da boca quanto os olhos. Esse tipo de sorriso, conhecido como sorriso de Duchenne, é genuíno e reflete alegria verdadeira. Quando um sorriso envolve apenas os lábios, sem a participação dos músculos ao redor dos olhos, pode ser um indicativo de que a emoção expressa não é genuína. Esse detalhe pode ser crucial para detectar quando alguém está fingindo simpatia ou tentando mascarar sentimentos verdadeiros.

A tristeza se manifesta através de sobrancelhas arqueadas para cima, cantos da boca voltados para baixo e um olhar perdido ou sem brilho. Essa expressão é facilmente identificável e, muitas vezes, ocorre involuntariamente, mesmo quando alguém tenta esconder sua vulnerabilidade. A leitura atenta desses sinais pode ajudar a perceber quando alguém está sofrendo emocionalmente, mesmo que verbalmente diga estar bem.

A raiva, por sua vez, se expressa por sobrancelhas franzidas, olhos ligeiramente estreitados e tensão nos músculos da mandíbula. O lábio superior pode se levantar sutilmente, expondo os dentes, um resquício evolutivo associado à preparação para o ataque. Quando essa expressão ocorre de forma rápida e sutil, pode indicar irritação momentânea, mas quando persiste, pode revelar um estado emocional mais intenso e potencialmente perigoso.

O medo é caracterizado pelo aumento do tamanho dos olhos, elevação das sobrancelhas e lábios ligeiramente esticados para trás. Essa expressão está diretamente ligada à resposta de luta ou fuga do corpo humano e pode surgir diante de situações de ameaça real ou percebida. O medo autêntico pode ser diferenciado de um medo encenado pela velocidade com que a expressão aparece e desaparece no rosto.

A surpresa compartilha algumas características com o medo, como o aumento dos olhos e a elevação das sobrancelhas, mas a principal diferença está na boca, que geralmente se abre de maneira involuntária. A surpresa tende a ser uma emoção de curta duração, sendo substituída rapidamente por outra expressão conforme a pessoa processa o evento inesperado.

O nojo se manifesta pelo enrugamento do nariz e pela elevação do lábio superior, como se a pessoa estivesse reagindo a um cheiro desagradável. Essa expressão pode ser vista tanto em respostas a estímulos físicos quanto em reações a comportamentos ou ideias que uma pessoa considera repulsivos.

O desprezo é uma emoção única, pois é a única das sete emoções universais que é expressa de forma assimétrica no rosto. Ele se manifesta quando apenas um lado da boca se levanta ligeiramente, transmitindo uma sensação de superioridade ou desdém. Esse gesto sutil pode indicar julgamento ou desrespeito em uma interação e é um dos sinais mais reveladores de arrogância ou falta de consideração por outra pessoa.

Além dessas expressões básicas, existem microexpressões que duram frações de segundo e podem revelar sentimentos ocultos antes que a pessoa tenha tempo de controlá-los. Essas microexpressões são extremamente difíceis de falsificar, pois ocorrem de maneira involuntária. Profissionais como agentes de segurança, psicólogos e negociadores treinam suas habilidades para captar essas sutilezas e compreender melhor as intenções das pessoas com quem interagem.

A congruência entre as expressões faciais e o restante da linguagem corporal também é um fator essencial na leitura das emoções. Quando uma pessoa verbaliza um sentimento, mas sua expressão facial sugere algo diferente, pode haver uma discrepância que merece atenção. Por exemplo, se alguém afirma estar animado, mas sua expressão facial parece neutra ou tensa, isso pode indicar que a emoção expressa verbalmente não corresponde ao que a pessoa realmente sente.

Outro ponto importante é o contexto no qual a expressão facial ocorre. O mesmo gesto pode ter diferentes interpretações dependendo da situação. Um franzir de testa pode indicar concentração em um ambiente acadêmico, mas, em um contexto social, pode sinalizar irritação ou confusão. A análise precisa das expressões faciais depende, portanto, da observação cuidadosa de múltiplos fatores simultaneamente.

A leitura das expressões faciais é uma habilidade que pode ser desenvolvida com prática. Um exercício útil é observar rostos de pessoas em fotografias ou vídeos e tentar identificar as emoções presentes antes de verificar a legenda ou o contexto da imagem. Outra técnica eficaz é acompanhar filmes ou entrevistas com o áudio desligado, focando exclusivamente nas expressões dos atores ou entrevistados para entender seus sentimentos com base apenas nos sinais visuais.

Aprender a interpretar expressões faciais de forma precisa traz inúmeros benefícios, tanto no âmbito pessoal quanto profissional. Em interações sociais, essa habilidade permite uma comunicação mais empática e assertiva, ajudando a perceber emoções que as palavras podem ocultar. No ambiente de trabalho, a capacidade de interpretar microexpressões pode ser útil em negociações, entrevistas e gerenciamento de equipe, proporcionando uma leitura mais apurada das intenções e reações dos colegas.

Além da observação das expressões faciais alheias, a consciência sobre a própria linguagem não verbal também é fundamental para uma comunicação eficaz. Muitas vezes, sem perceber, uma pessoa pode transmitir insegurança, desinteresse ou até hostilidade apenas pela forma como expressa suas emoções no rosto. Ajustar conscientemente a expressão para que esteja alinhada com a mensagem que se deseja transmitir pode melhorar a clareza da comunicação e evitar interpretações equivocadas. Pequenas mudanças, como manter um olhar atento e um leve sorriso ao ouvir alguém, podem fazer uma grande diferença na construção de uma conexão mais positiva e receptiva.

Outro aspecto relevante é o impacto das expressões faciais na regulação emocional. Estudos indicam que a simples adoção de uma determinada expressão pode influenciar o estado emocional da própria pessoa. O chamado *feedback facial* sugere que sorrir, mesmo sem um motivo aparente, pode induzir sensações de bem-estar, enquanto franzir a testa pode intensificar sentimentos de irritação ou estresse. Esse fenômeno reforça a ideia de que as expressões faciais não são apenas reflexos das emoções internas, mas também ferramentas que podem modulá-las, permitindo maior controle emocional em situações desafiadoras.

O domínio da leitura e do uso consciente das expressões faciais amplia as possibilidades de comunicação, tornando as interações mais autênticas e eficazes. Seja para compreender melhor os sentimentos de outras pessoas, transmitir mensagens de forma mais clara ou mesmo regular as próprias emoções, essa habilidade é um diferencial valioso na vida pessoal e profissional. Ao aprimorar a percepção sobre as sutilezas da linguagem facial, é possível estabelecer relações mais empáticas, evitar mal-entendidos e fortalecer a capacidade de se conectar verdadeiramente com os outros.

# Capítulo 7
# Contato Visual

O contato visual é um dos aspectos mais poderosos e significativos da comunicação não verbal. A maneira como uma pessoa sustenta ou evita o olhar pode revelar intenções, emoções e até mesmo traços de personalidade. O olhar tem um impacto direto na forma como as interações humanas ocorrem e influencia a maneira como somos percebidos pelos outros. Por esse motivo, a leitura correta do contato visual é essencial para interpretar com precisão as mensagens não verbais transmitidas em qualquer interação social.

O primeiro fator a se considerar na análise do contato visual é a sua duração. Olhares prolongados costumam indicar interesse, atenção e engajamento. Em um contexto interpessoal positivo, manter o olhar demonstra respeito e conexão. No entanto, quando sustentado por tempo excessivo e sem variações, pode ser interpretado como um comportamento intimidatório ou desafiador. Já um contato visual muito breve ou constantemente evitado pode sugerir nervosismo, insegurança ou até mesmo desejo de ocultar informações. Pessoas que desviam o olhar rapidamente durante uma conversa podem estar desconfortáveis ou tentando evitar o aprofundamento do assunto em questão.

Além da duração, a direção do olhar também fornece pistas valiosas sobre o estado mental e emocional de uma pessoa. Olhares que se voltam repetidamente para os lados podem indicar distração ou desconforto. Quando uma pessoa olha para baixo ao falar, isso pode sinalizar timidez, submissão ou reflexão. Em contrapartida, um olhar direcionado para cima pode indicar busca por lembranças ou até mesmo tentativas de formular respostas mais elaboradas. Essas pequenas variações no olhar são elementos fundamentais na interpretação da linguagem corporal e devem ser analisadas dentro do contexto da interação.

O contato visual não apenas reflete emoções, mas também influencia a dinâmica de poder dentro de uma conversa. Em interações hierárquicas, pessoas em posição de autoridade tendem a manter um contato visual mais direto e constante, enquanto subordinados podem desviar o olhar como sinal de respeito ou deferência. Em negociações, sustentar o olhar de maneira firme, mas natural, pode demonstrar segurança e convicção, fortalecendo a posição do interlocutor. No entanto, é importante que o contato visual seja equilibrado, pois um olhar muito fixo pode gerar desconforto e parecer um gesto de dominação excessiva.

Outro aspecto relevante do contato visual é sua influência na percepção da sinceridade. Estudos indicam que as pessoas tendem a confiar mais em indivíduos que mantêm um contato visual adequado durante a conversa. Isso ocorre porque o olhar está associado à honestidade e à transparência. Entretanto, é um equívoco acreditar que alguém que evita o contato visual está, necessariamente, mentindo. Alguns indivíduos desviam o olhar por timidez, ansiedade ou traços de personalidade introvertida. Além disso, mentirosos experientes podem treinar sua linguagem corporal para parecerem mais confiáveis, mantendo um contato visual constante, o que pode confundir observadores inexperientes.

As diferenças culturais também exercem um papel importante na interpretação do contato visual. Em muitas sociedades ocidentais, manter o olhar firme durante uma conversa é visto como sinal de respeito e confiança. No entanto, em algumas culturas orientais, evitar o contato visual direto com figuras de autoridade pode ser interpretado como um gesto de respeito, e não de insegurança. Em certas regiões do Oriente Médio e da América Latina, o contato visual pode ser mais prolongado e intenso sem que isso represente uma invasão de espaço pessoal. Já em culturas nórdicas, o contato visual tende a ser mais breve e moderado. Por isso, ao interpretar o olhar de alguém, é essencial considerar o contexto cultural para evitar conclusões equivocadas.

O movimento dos olhos também pode fornecer informações importantes sobre o processamento cognitivo de uma pessoa. A Programação Neurolinguística (PNL) sugere que a direção do olhar pode indicar diferentes tipos de pensamento. Segundo essa abordagem, quando alguém olha para cima à direita, pode estar acessando imagens visuais criadas pela imaginação, enquanto olhar para cima à esquerda pode indicar recordações visuais do passado. Olhar para os lados pode sugerir acesso a memórias auditivas, e direcionar o olhar para baixo pode estar relacionado a emoções e sensações internas. Embora essa teoria não seja uma ciência exata, ela oferece um ponto de referência interessante para interpretar o pensamento por meio do olhar.

A dilatação e a contração das pupilas são outras variáveis que podem indicar o estado emocional de um indivíduo. Quando alguém está interessado ou emocionalmente envolvido em uma conversa, suas pupilas tendem a se dilatar. Esse fenômeno ocorre de maneira involuntária e pode ser um forte indicador de atração ou entusiasmo. Em contrapartida, pupilas contraídas podem indicar desconforto, irritação ou mesmo a presença de luz intensa no ambiente. Observar essas sutis alterações pode fornecer insights adicionais sobre as reações emocionais das pessoas ao longo de uma interação.

O contato visual também desempenha um papel crucial na construção de conexões interpessoais. Durante interações positivas, há uma tendência natural ao espelhamento do olhar, onde duas pessoas sincronizam seus tempos de contato visual sem perceber. Esse fenômeno cria uma sensação de sintonia e conexão mútua. Quando alguém está emocionalmente engajado em uma conversa, seu contato visual tende a acompanhar o ritmo da interação, tornando a comunicação mais fluida e natural.

Aprender a utilizar o contato visual de forma estratégica pode aprimorar significativamente a comunicação interpessoal. Para aqueles que desejam melhorar essa habilidade, é recomendável treinar o equilíbrio entre olhar e desviar o olhar naturalmente, sem parecer evasivo ou excessivamente intenso. Praticar manter o olhar ao ouvir alguém falar pode ajudar a demonstrar interesse genuíno e respeito. Em apresentações ou negociações, alternar o contato visual entre os diferentes ouvintes pode criar um senso de inclusão e engajamento.

O domínio do contato visual vai além da simples troca de olhares; ele é um componente essencial da comunicação que influencia a maneira como somos percebidos e compreendidos. Desenvolver a consciência sobre a própria expressão ocular pode aprimorar significativamente as interações sociais e profissionais. Ajustar o tempo e a intensidade do contato visual de acordo com o contexto e a cultura do interlocutor evita desconfortos e estabelece uma conexão mais autêntica. Pequenos ajustes, como manter o olhar firme ao transmitir uma ideia importante ou suavizar a intensidade do olhar para evitar parecer excessivamente dominante, fazem diferença na construção da comunicação eficaz.

Além disso, o contato visual é uma ferramenta poderosa para transmitir emoções e criar empatia. Em conversas emocionais, um olhar sincero pode oferecer conforto e demonstrar solidariedade sem a necessidade de palavras. Em momentos de tensão, saber dosar o contato visual pode ajudar a amenizar conflitos e evitar confrontos desnecessários. Assim como a linguagem corporal, o olhar deve ser utilizado com equilíbrio, respeitando o espaço do outro e transmitindo mensagens coerentes com a intenção do discurso. A prática consciente do contato visual pode, portanto, tornar as interações mais fluidas, naturais e envolventes.

    Compreender e utilizar o contato visual de maneira estratégica é um diferencial para fortalecer relações interpessoais e aprimorar a comunicação. Seja para transmitir confiança, demonstrar interesse ou criar conexões mais genuínas, o olhar continua sendo um dos instrumentos mais poderosos da comunicação humana. Ao ajustar e aperfeiçoar essa habilidade, é possível tornar-se um comunicador mais eficaz, capaz de estabelecer vínculos mais profundos e interpretar com precisão as intenções e emoções dos outros.

# Capítulo 8
# Tom de Voz

O tom de voz é um dos aspectos mais influentes da comunicação não verbal e pode transformar completamente o significado de uma mensagem. Mais do que apenas um veículo para as palavras, a maneira como algo é dito pode revelar emoções, intenções e até mesmo o estado psicológico de uma pessoa. Muitas vezes, um mesmo enunciado pode ser interpretado de maneiras completamente diferentes dependendo do tom utilizado, tornando essa característica essencial para uma leitura corporal eficaz.

A comunicação vocal é composta por elementos como volume, ritmo, entonação e pausas, cada um desempenhando um papel fundamental na forma como a mensagem é recebida. O volume da voz, por exemplo, pode indicar confiança e autoridade quando mantido em um nível moderado e firme. Uma voz excessivamente baixa pode sugerir insegurança, submissão ou até mesmo falta de envolvimento na conversa, enquanto uma voz muito alta pode ser percebida como agressiva ou invasiva. Em determinadas situações, uma variação no volume pode ser usada estrategicamente para enfatizar pontos importantes ou manter a atenção do interlocutor.

O ritmo da fala também transmite informações importantes. Pessoas que falam de maneira acelerada podem estar ansiosas, nervosas ou tentando evitar interrupções. Esse padrão de fala pode gerar uma sensação de urgência ou impaciência no ouvinte. Em contrapartida, uma fala excessivamente lenta pode indicar indecisão, fadiga ou até mesmo desinteresse. O ideal é manter um ritmo equilibrado, adaptando-se ao contexto e à resposta do interlocutor.

A entonação, que corresponde às variações de altura e intensidade na voz, é outro fator essencial na comunicação. Uma entonação monótona pode tornar a fala desinteressante e dificultar a conexão emocional com o ouvinte. Por outro lado, uma entonação bem modulada e expressiva facilita a transmissão de emoções e mantém a atenção da audiência. As variações na entonação ajudam a indicar quando um discurso é afirmativo, interrogativo, irônico ou sarcástico, evitando mal-entendidos na comunicação.

As pausas desempenham um papel fundamental na comunicação vocal. Pequenas pausas durante a fala permitem que o ouvinte processe a informação e conferem um tom mais natural e envolvente à mensagem. Além disso, pausas estratégicas podem ser utilizadas para criar expectativa e ênfase em determinados momentos, aumentando a eficácia da comunicação. Em contraste, a ausência de pausas pode fazer com que a mensagem pareça apressada e difícil de acompanhar, prejudicando a clareza e o impacto do discurso.

O tom de voz também reflete estados emocionais de maneira sutil, mas perceptível. Uma voz trêmula pode indicar nervosismo ou insegurança, enquanto um tom mais firme sugere determinação e controle da situação. Quando alguém está irritado ou frustrado, sua voz pode ganhar um tom mais ríspido e cortante, mesmo que as palavras utilizadas sejam neutras. Já uma voz suave e bem modulada transmite empatia, calma e receptividade. Aprender a interpretar essas nuances vocais permite uma compreensão mais profunda das emoções envolvidas na interação.

A coerência entre o tom de voz e o conteúdo verbal é essencial para uma comunicação autêntica e eficaz. Quando há uma discrepância entre as palavras ditas e o tom utilizado, o ouvinte tende a dar mais credibilidade ao tom. Se alguém diz "está tudo bem" com uma voz hesitante ou em um tom baixo e trêmulo, a mensagem transmitida não será convincente. A falta de alinhamento entre voz e discurso pode indicar falsidade, hesitação ou tentativa de mascarar sentimentos verdadeiros.

Em contextos sociais e profissionais, a adaptação do tom de voz ao ambiente e ao público é um diferencial na comunicação interpessoal. Um líder eficaz, por exemplo, sabe quando utilizar um tom mais firme para inspirar autoridade e quando suavizá-lo para criar empatia e proximidade com sua equipe. Da mesma forma, em interações pessoais, ajustar o tom de voz conforme a situação pode fortalecer vínculos e melhorar a compreensão mútua.

A cultura e os costumes locais também influenciam a interpretação do tom de voz. Em algumas culturas, um tom de voz mais alto é sinal de entusiasmo e engajamento, enquanto em outras pode ser considerado rude ou agressivo. O mesmo acontece com a velocidade da fala: em algumas sociedades, um ritmo acelerado pode indicar dinamismo e inteligência, enquanto em outras pode ser percebido como falta de paciência ou agressividade. Considerar essas diferenças culturais é essencial para evitar equívocos e melhorar a comunicação em contextos multiculturais.

O tom de voz desempenha um papel crucial na persuasão e influência. Oradores habilidosos utilizam variações vocais para prender a atenção do público, enfatizar argumentos e criar impacto emocional. A forma como uma mensagem é entregue pode ser tão importante quanto o seu conteúdo. Em negociações, por exemplo, um tom de voz calmo e controlado pode transmitir confiança e tranquilidade, facilitando acordos e diálogos produtivos. Em contrapartida, um tom agressivo ou descontrolado pode gerar resistência e dificultar a construção de consenso.

A leitura do tom de voz pode ser aprimorada com prática e atenção aos detalhes. Observar como diferentes pessoas utilizam sua voz em diversas situações ajuda a desenvolver uma percepção mais apurada das nuances vocais. Além disso, gravar a própria voz e ouvir as variações de tom, ritmo e entonação pode ser uma excelente forma de aprimorar a comunicação oral. Ajustar o tom de voz de acordo com o contexto e a reação do interlocutor torna a interação mais natural e eficaz.

A maneira como utilizamos nossa voz não apenas influencia a forma como somos percebidos, mas também afeta diretamente a conexão que estabelecemos com os outros. Um tom bem ajustado pode transmitir empatia, clareza e segurança, enquanto um tom inadequado pode gerar ruídos na comunicação e comprometer a mensagem. Desenvolver essa consciência vocal permite não apenas melhorar a expressão verbal, mas também alinhar emoções e intenções ao discurso, tornando-o mais autêntico e envolvente. Pequenos ajustes, como equilibrar a intensidade, variar a entonação e fazer pausas estratégicas, podem transformar uma comunicação comum em uma experiência impactante e significativa.

Além de transmitir emoções, o tom de voz pode ser um reflexo do estado interno de cada indivíduo. A forma como nos expressamos vocalmente está diretamente ligada ao nosso nível de confiança, ao controle emocional e à intenção por trás das palavras. Quando estamos calmos e seguros, nossa voz tende a soar mais estável e articulada; em momentos de insegurança, pode se tornar hesitante e trêmula. Assim, trabalhar a percepção do próprio tom de voz não apenas aprimora a comunicação com os outros, mas também fortalece a autoimagem e o controle sobre as próprias emoções.

Dominar o tom de voz é uma habilidade valiosa para qualquer situação que envolva interação humana. Seja em conversas cotidianas, discursos, negociações ou apresentações, a forma como nos expressamos vocalmente pode abrir portas, construir relacionamentos e fortalecer nossa presença. Ao compreender e ajustar conscientemente a voz conforme o contexto e a mensagem, ampliamos nosso impacto comunicativo e nos tornamos comunicadores mais eficazes e persuasivos, capazes de transmitir nossas ideias com clareza e influência.

# Capítulo 9
## Espaço Pessoal

O espaço pessoal é um dos elementos mais importantes da comunicação não verbal, influenciando a forma como interagimos e interpretamos os outros. A proximidade ou distância entre as pessoas transmite mensagens sutis sobre conforto, intimidade, respeito e até mesmo domínio territorial. Compreender e respeitar os limites do espaço pessoal é essencial para estabelecer relações saudáveis e evitar desconfortos nas interações sociais e profissionais.

A noção de espaço pessoal varia de acordo com fatores como cultura, contexto social e grau de familiaridade entre os interlocutores. O antropólogo Edward T. Hall, um dos principais estudiosos do tema, definiu quatro zonas de distância interpessoal que ajudam a compreender como nos relacionamos espacialmente com os outros:

Zona íntima (até 45 cm) – Essa é a área mais próxima do corpo e reservada para interações com pessoas de extrema confiança, como familiares, parceiros românticos e amigos íntimos. Entrar nesse espaço sem permissão pode gerar desconforto e até mesmo reações defensivas.

Zona pessoal (entre 45 cm e 1,2 m) – Utilizada para interações casuais e amigáveis, essa distância permite conversas confortáveis sem invadir a privacidade do outro. É a zona mais comum para diálogos entre conhecidos, colegas de trabalho e amigos em ambientes sociais.

Zona social (entre 1,2 m e 3,6 m) – Esse é o espaço geralmente adotado para interações profissionais, reuniões de negócios e conversas formais. A distância mantém uma sensação de respeito e neutralidade, evitando qualquer impressão de invasão do espaço pessoal.

Zona pública (acima de 3,6 m) – Comum em palestras, apresentações e discursos, essa zona permite que um indivíduo se comunique com um grupo sem precisar de proximidade física. Aqui, a linguagem corporal e a projeção vocal assumem um papel ainda mais relevante.

A percepção do espaço pessoal é profundamente influenciada pela cultura. Em países da América Latina e do sul da Europa, por exemplo, é comum que as pessoas conversem a uma distância menor e toquem o outro como um sinal de proximidade e envolvimento. Já em países como Japão, Suécia e Canadá, a tendência é manter distâncias maiores durante a interação. O desconhecimento dessas diferenças culturais pode levar a mal-entendidos, tornando essencial a adaptação ao contexto local para evitar desconfortos.

Além da cultura, fatores individuais também desempenham um papel na percepção do espaço pessoal. Pessoas introvertidas tendem a preferir distâncias maiores, enquanto extrovertidos podem se sentir mais à vontade em proximidade física. O mesmo ocorre em situações de estresse ou ansiedade: indivíduos que estão emocionalmente sobrecarregados podem sentir maior necessidade de preservar seu espaço, enquanto aqueles que buscam conforto podem desejar uma aproximação maior.

    O respeito pelo espaço pessoal também se reflete na linguagem corporal. Quando uma pessoa se afasta sutilmente durante uma interação, isso pode indicar que a proximidade está gerando desconforto. Ignorar esses sinais e insistir em uma distância menor pode causar uma percepção negativa, transmitindo a impressão de invasão ou falta de sensibilidade social. Por outro lado, manter uma distância excessiva pode dar a sensação de frieza ou desinteresse, tornando a comunicação menos envolvente.

    Em ambientes profissionais, compreender a importância do espaço pessoal é fundamental para construir relacionamentos saudáveis e transmitir confiança. Durante reuniões ou entrevistas, manter a distância adequada demonstra respeito e profissionalismo. Um erro comum é se aproximar demais ao tentar enfatizar um ponto ou persuadir alguém, o que pode gerar uma reação defensiva no interlocutor. Saber equilibrar a proximidade física conforme o contexto é uma habilidade valiosa na comunicação corporativa.

    Outro aspecto importante do espaço pessoal é o uso de barreiras simbólicas. Objetos como bolsas, pastas ou até mesmo móveis podem ser usados para criar um limite entre indivíduos, indicando uma necessidade de proteção ou distância. Por exemplo, quando alguém segura um objeto à frente do corpo em uma conversa, pode estar inconscientemente tentando estabelecer uma barreira protetora. Esses sinais devem ser interpretados com cautela, pois podem indicar desconforto ou necessidade de maior espaço.

O contato físico dentro do espaço pessoal também é um fator relevante na comunicação não verbal. Apertos de mão, toques no ombro e abraços são formas de interação tátil que variam conforme o grau de proximidade entre as pessoas. Um toque leve no braço durante uma conversa pode reforçar empatia e envolvimento, mas deve ser usado com discernimento para evitar interpretações erradas. Em ambientes profissionais, o contato físico deve ser minimizado e sempre adequado ao contexto.

A observação das reações ao espaço pessoal permite ajustar a abordagem comunicativa de maneira mais eficaz. Se um interlocutor demonstra sinais de retração, como cruzar os braços, inclinar o corpo para trás ou desviar o olhar, pode ser necessário aumentar a distância para evitar desconforto. Por outro lado, se a pessoa se inclina para frente e mantém um contato visual firme, isso pode indicar abertura para uma aproximação maior.

O domínio da leitura do espaço pessoal aprimora a qualidade das interações e contribui para uma comunicação mais fluida e respeitosa. Adaptar-se à necessidade de espaço de cada pessoa fortalece a conexão interpessoal e evita situações embaraçosas ou mal-entendidos. O equilíbrio entre proximidade e respeito pelo espaço alheio é um dos pilares fundamentais da comunicação eficaz e da construção de relações interpessoais harmoniosas.

# Capítulo 10
# Toque Social

O toque social é um dos aspectos mais sensíveis e impactantes da comunicação não verbal. Ele tem o poder de fortalecer laços, transmitir segurança, demonstrar empatia e até influenciar a percepção que os outros têm de nós. No entanto, o toque também pode ser interpretado de maneiras diversas dependendo do contexto, da cultura e da relação entre os envolvidos. Por isso, compreender seu significado e aplicabilidade é fundamental para garantir interações respeitosas e eficazes.

O toque humano desperta uma série de respostas fisiológicas e psicológicas. Estudos demonstram que o contato físico pode estimular a liberação de oxitocina, um hormônio associado à confiança e ao fortalecimento dos vínculos sociais. Isso explica por que gestos simples, como um aperto de mão firme ou um toque leve no ombro, podem transmitir segurança e conexão. O toque adequado reforça a comunicação e contribui para a criação de um ambiente mais positivo e acolhedor.

Diferentes tipos de toque carregam mensagens específicas e podem influenciar a interpretação de uma interação. O aperto de mão é um dos exemplos mais universais de toque social. Um aperto de mão firme e seguro sugere confiança e determinação, enquanto um aperto de mão fraco pode ser interpretado como falta de entusiasmo ou insegurança. Da mesma forma, um aperto de mão excessivamente forte pode ser visto como um gesto de dominação ou agressividade. Esse simples contato inicial pode definir o tom de uma conversa e impactar a percepção sobre a credibilidade e a postura do interlocutor.

Outro tipo comum de toque social é o toque no braço ou no ombro. Em situações informais, um leve toque pode transmitir apoio, empatia ou reforçar um ponto de vista. No entanto, é essencial considerar a receptividade do outro antes de utilizar esse tipo de gesto. Algumas pessoas podem sentir-se invadidas ou desconfortáveis com contatos físicos inesperados, especialmente se não houver um nível prévio de proximidade entre os envolvidos. Observar a linguagem corporal do outro pode ajudar a determinar se um toque é bem-vindo ou se deve ser evitado.

O abraço é um dos gestos de toque mais carregados de significado emocional. Em contextos pessoais, um abraço pode ser um símbolo de carinho, proteção e solidariedade. No entanto, em ambientes formais, é preciso ter cautela ao utilizar esse tipo de toque. Nem todas as culturas ou ambientes de trabalho encaram o abraço como uma forma adequada de cumprimento, podendo interpretá-lo como uma invasão do espaço pessoal. O mais seguro é permitir que o outro tome a iniciativa ou, caso não haja familiaridade suficiente, optar por cumprimentos menos intrusivos.

A cultura exerce um papel fundamental na interpretação do toque social. Em algumas sociedades, como no Brasil, na Itália e na Espanha, o contato físico é comum e visto como uma demonstração de proximidade e afeto. Já em países como Japão, Suécia e Reino Unido, há uma tendência a manter uma distância maior entre os interlocutores e evitar o toque excessivo em interações cotidianas. Ignorar essas diferenças culturais pode levar a situações desconfortáveis ou mal-entendidos, tornando essencial a adaptação ao contexto local.

Outro fator que influencia a aceitação do toque é a relação entre os envolvidos. Em interações entre amigos próximos ou familiares, o toque costuma ser mais frequente e natural. No entanto, em situações profissionais ou entre desconhecidos, o contato físico pode ser percebido como inadequado se não for utilizado de maneira cuidadosa. Estabelecer uma leitura precisa da dinâmica interpessoal permite que o toque seja utilizado como uma ferramenta de comunicação eficaz, sem ultrapassar limites pessoais.

O toque social também desempenha um papel importante na construção de confiança e rapport. Em interações comerciais, por exemplo, toques sutis e respeitosos podem criar um senso de proximidade e facilitar a negociação. Um vendedor que cumprimenta um cliente com um aperto de mão firme e um toque breve no braço pode transmitir credibilidade e empatia. No entanto, é fundamental que o toque ocorra de maneira espontânea e respeitosa, sem parecer forçado ou manipulador.

A comunicação por meio do toque também está presente no ambiente médico e terapêutico. Profissionais de saúde frequentemente utilizam o toque para tranquilizar pacientes, demonstrar cuidado e criar um ambiente de acolhimento. Estudos mostram que o toque pode reduzir a ansiedade e melhorar a resposta ao tratamento em diversas situações clínicas. No entanto, mesmo nesses contextos, é importante que o toque seja aplicado com sensibilidade e dentro dos limites do conforto do paciente.

A leitura da linguagem corporal pode auxiliar na identificação de sinais de desconforto relacionados ao toque. Quando uma pessoa se retrai, cruza os braços ou se afasta após um contato físico, pode estar indicando que não se sente à vontade com aquela interação. Esses sinais devem ser respeitados para evitar a invasão do espaço pessoal do outro. Da mesma forma, a ausência de reação negativa pode indicar que o toque foi bem recebido e reforçou a conexão entre os envolvidos.

O toque, quando utilizado com discernimento, pode ser uma poderosa ferramenta de conexão, mas seu impacto depende do contexto e da receptividade do interlocutor. Saber interpretar os sinais sutis da linguagem corporal e respeitar as diferenças individuais é essencial para garantir que o contato físico seja bem recebido e cumpra seu papel de reforçar laços interpessoais. Pequenos gestos, como um cumprimento caloroso ou um toque breve no ombro, podem transformar uma interação, transmitindo apoio e empatia sem a necessidade de palavras.

Além do aspecto emocional, o toque também influencia a forma como somos percebidos em diferentes ambientes. Em um contexto profissional, por exemplo, um aperto de mão firme pode estabelecer uma impressão inicial positiva, enquanto um toque excessivo ou invasivo pode gerar desconforto e até prejudicar relacionamentos. A chave para o uso eficaz do toque social está no equilíbrio: ele deve ser natural, respeitoso e adequado à relação entre os envolvidos. Dessa forma, é possível utilizá-lo para fortalecer conexões sem ultrapassar limites pessoais.

Dominar a comunicação por meio do toque exige sensibilidade e adaptação, considerando o ambiente, a cultura e a individualidade de cada pessoa. Quando bem aplicado, ele tem o poder de humanizar interações, construir confiança e tornar os relacionamentos mais autênticos. Ao compreender seus efeitos e utilizá-lo com responsabilidade, é possível enriquecer a comunicação não verbal e tornar as interações mais significativas e harmoniosas.

# Capítulo 11
## Comunicação Congruente

As microexpressões são manifestações faciais involuntárias que ocorrem em frações de segundo e refletem emoções autênticas. Diferente das expressões faciais controladas, que podem ser moduladas conscientemente, as microexpressões surgem de maneira espontânea e são quase impossíveis de falsificar. Por essa razão, são uma das ferramentas mais poderosas para interpretar sentimentos ocultos e detectar contradições na comunicação não verbal.

As microexpressões foram amplamente estudadas pelo psicólogo Paul Ekman, que identificou sete emoções universais expressas no rosto humano: alegria, tristeza, raiva, medo, surpresa, nojo e desprezo. Cada uma dessas emoções possui padrões específicos de ativação muscular, tornando possível identificá-las independentemente da cultura ou do ambiente. A habilidade de reconhecer microexpressões permite entender melhor o que as pessoas realmente sentem, mesmo quando tentam esconder suas emoções.

A identificação das microexpressões exige prática e atenção a detalhes sutis. Como essas expressões duram menos de meio segundo, o observador precisa estar treinado para captá-las rapidamente. O melhor método para desenvolver essa habilidade é focar na observação do rosto como um todo, em vez de fixar-se em um único detalhe. Movimentos repentinos das sobrancelhas, tensão ao redor dos olhos ou alterações na posição da boca podem indicar emoções passageiras que revelam informações valiosas sobre o estado emocional do interlocutor.

Cada emoção básica apresenta características distintas nas microexpressões. A alegria autêntica, por exemplo, é caracterizada pela ativação dos músculos ao redor dos olhos e pelo levantamento dos cantos da boca. Quando um sorriso não envolve os olhos, pode ser sinal de que a emoção expressa não é genuína. Já a tristeza se manifesta por meio do arqueamento das sobrancelhas e do abaixamento dos cantos da boca, enquanto a raiva é identificada pelo franzimento das sobrancelhas, pela tensão na mandíbula e pelo olhar fixo.

O medo e a surpresa compartilham algumas semelhanças na expressão facial, como o aumento dos olhos e a elevação das sobrancelhas. No entanto, enquanto a surpresa desaparece rapidamente após a assimilação da informação, o medo tende a persistir por mais tempo e geralmente vem acompanhado de uma retração corporal. O nojo é evidenciado pelo enrugamento do nariz e pela elevação do lábio superior, enquanto o desprezo é marcado por um leve levantamento unilateral dos lábios.

A análise das microexpressões é amplamente utilizada em diversas áreas, como segurança pública, psicologia e negociações. Profissionais treinados conseguem identificar contradições entre a fala e a linguagem facial, ajudando a detectar mentiras e compreender estados emocionais com mais precisão. Em entrevistas de emprego, por exemplo, recrutadores podem observar sinais sutis de desconforto ao fazer perguntas desafiadoras. Da mesma forma, negociadores experientes podem perceber hesitação ou resistência em microexpressões antes mesmo que o interlocutor verbalize suas preocupações.

É importante ressaltar que a leitura das microexpressões deve ser sempre contextualizada. Um sinal isolado não é suficiente para tirar conclusões definitivas sobre o estado emocional de alguém. O ideal é combinar a observação das microexpressões com outros aspectos da linguagem corporal, como postura, gestos e tom de voz. Quando há coerência entre os diferentes sinais, a interpretação torna-se mais precisa e confiável.

A prática constante é fundamental para aprimorar a identificação das microexpressões. Uma forma eficaz de treinar essa habilidade é assistir a vídeos de entrevistas ou debates e tentar captar as expressões fugazes que surgem no rosto dos participantes. Existem também plataformas especializadas que oferecem exercícios interativos para ajudar no reconhecimento das microexpressões em tempo real. Quanto mais treinado estiver o observador, maior será sua capacidade de captar esses sinais involuntários e interpretar as emoções ocultas nas interações diárias.

Além do uso profissional, o conhecimento sobre microexpressões pode ser extremamente útil no dia a dia. Compreender as emoções de familiares, amigos e colegas de trabalho permite uma comunicação mais empática e eficaz. Ao reconhecer quando alguém está desconfortável, ansioso ou tentando esconder uma emoção, é possível ajustar a abordagem para tornar a interação mais produtiva e respeitosa.

Ao integrar a leitura das microexpressões na comunicação diária, torna-se possível desenvolver uma percepção mais refinada das intenções e sentimentos alheios. Esse entendimento favorece interações mais autênticas e reduz a chance de mal-entendidos, pois permite que o observador ajuste sua resposta de acordo com o estado emocional do interlocutor. Além disso, ao demonstrar sensibilidade para captar essas nuances, cria-se um ambiente de confiança, onde as pessoas se sentem mais compreendidas e valorizadas. A empatia gerada por essa habilidade fortalece os vínculos interpessoais e melhora significativamente a qualidade das relações, tanto no âmbito pessoal quanto profissional.

Contudo, a interpretação das microexpressões exige cautela e discernimento. Como as emoções são complexas e influenciadas por múltiplos fatores, um mesmo sinal pode ter diferentes significados dependendo do contexto e da personalidade de cada indivíduo. Por essa razão, é essencial evitar julgamentos precipitados e considerar outros indicadores antes de tirar conclusões definitivas. A combinação da leitura facial com a análise de gestos, tom de voz e circunstâncias da interação proporciona uma compreensão mais abrangente e precisa. Assim, em vez de apenas identificar sentimentos ocultos, a verdadeira maestria na leitura das microexpressões reside na capacidade de utilizá-las para promover diálogos mais harmônicos e eficazes.

A comunicação congruente, portanto, vai além da simples decodificação de sinais não verbais; trata-se de um processo contínuo de atenção, empatia e adaptação. Quando há coerência entre palavras, expressões faciais e gestos, a mensagem transmitida ganha autenticidade e impacto. Desenvolver essa habilidade não apenas aprimora a forma como nos expressamos, mas também nos torna ouvintes mais atentos e sensíveis, criando interações mais ricas e significativas.

# Capítulo 12
## Linha de Base

Cada indivíduo carrega consigo uma assinatura invisível, uma constância na forma como se move, gesticula e expressa suas emoções quando está em um estado natural, sem pressões ou estímulos externos que possam alterá-lo. Essa assinatura é chamada de linha de base comportamental. Entendê-la é a chave para distinguir o habitual do incomum, o sincero do fabricado, o confortável do forçado. Sem esse ponto de referência, qualquer tentativa de interpretação da linguagem corporal torna-se um jogo de suposições, sem fundamentos sólidos.

Observar alguém sem que este esteja sob estresse ou necessidade de ocultação é o primeiro passo para estabelecer sua linha de base. Esse estado neutro pode ser identificado em situações do cotidiano, como em uma conversa trivial sobre temas sem carga emocional, enquanto a pessoa assiste a algo despretensiosamente ou enquanto interage com amigos e familiares de forma espontânea. Nessas condições, os gestos fluem naturalmente, sem qualquer influência da necessidade de enganar, impressionar ou esconder algo.

Cada pessoa tem sua própria configuração: algumas falam gesticulando intensamente, outras mantêm os braços mais contidos; há aqueles que piscam frequentemente sem que isso signifique nervosismo, enquanto outros quase não piscam e isso também não indica frieza ou desapego. Se uma pessoa, em seu estado neutro, costuma desviar o olhar com frequência, esse comportamento não pode ser automaticamente interpretado como um sinal de mentira em outro momento. Da mesma forma, alguém que mantém um tom de voz pausado e grave naturalmente não pode ser considerado suspeito apenas porque não varia a entonação ao falar de um assunto delicado. A leitura corporal precisa se ancorar na comparação entre o que é habitual e as variações que surgem diante de certos estímulos.

Um erro comum de quem inicia na interpretação da linguagem corporal é acreditar que existe um dicionário fixo de gestos e significados. Braços cruzados nem sempre indicam resistência; podem significar frio, desconforto físico ou até mesmo um hábito postural. O aumento da frequência do piscar pode estar relacionado à iluminação do ambiente, e não ao nervosismo. A inclinação do corpo para trás pode ser apenas cansaço e não uma tentativa de se distanciar do assunto em questão. A linha de base é o que impede essas conclusões precipitadas.

O processo de estabelecimento da linha de base de alguém exige paciência e atenção. O ideal é observar a pessoa em diferentes contextos, registrando mentalmente seus padrões. Como ela se comporta quando está relaxada? Qual é sua postura habitual ao sentar-se? Como movimenta as mãos ao falar? Qual o ritmo normal de sua respiração? Com que frequência e intensidade sorri? Essas são perguntas fundamentais para traçar um perfil confiável.

Há, contudo, fatores que podem mascarar a linha de base e induzir ao erro. O ambiente é um deles. Alguém que está acostumado a agir de determinada forma em casa pode adotar posturas diferentes no trabalho ou em locais públicos. O cansaço, a distração e até mesmo variações sazonais podem influenciar a linguagem corporal sem que haja qualquer intenção de enganar. Por isso, a observação deve ser feita ao longo do tempo e não com base em um único momento.

Quando a linha de base está bem estabelecida, qualquer alteração se torna perceptível. Se alguém que normalmente gesticula pouco começa a mover as mãos excessivamente durante uma conversa específica, essa mudança pode ser significativa. Se uma pessoa que tem o hábito de olhar diretamente nos olhos passa a evitar esse contato em determinada questão, esse desvio do padrão pode indicar incômodo ou tentativa de ocultação. Da mesma forma, um aumento repentino no piscar ou uma mudança no tom de voz podem ser interpretados dentro do contexto, desde que contrastados com o comportamento habitual.

A leitura corporal eficaz depende da sensibilidade em perceber essas variações sem cair em julgamentos apressados. O ideal é sempre buscar múltiplos sinais que reforcem a observação. Um desvio no olhar, por si só, não pode ser conclusivo, mas se for acompanhado de um aumento na tensão muscular, um engolir seco e um leve tremor na voz, então há mais razões para considerar que algo está diferente. O contexto da interação também precisa ser levado em conta: uma mudança no tom de voz pode ocorrer por um fator externo, como uma irritação na garganta, e não por nervosismo ou mentira.

Outro aspecto importante da linha de base é que ela pode ser influenciada por experiências anteriores e pelo traço de personalidade do indivíduo. Pessoas naturalmente ansiosas podem apresentar sinais de inquietação constantemente, e isso não deve ser confundido com nervosismo causado por um questionamento específico. Da mesma forma, indivíduos extremamente controlados podem demonstrar pouca variação na expressão facial, mesmo quando sentem emoções intensas. Nesses casos, apenas uma observação prolongada permitirá compreender quais são as reações normais e quais realmente indicam algo fora do padrão.

A técnica de observação deve ser discreta e sem interferência direta. Questionar alguém sobre seu estado emocional pode alterar seu comportamento e invalidar a linha de base que se busca estabelecer. O ideal é perceber padrões sem que a pessoa esteja consciente disso. Profissionais da área da segurança, por exemplo, aplicam essa técnica ao observar passageiros em aeroportos ou suspeitos em investigações, comparando reações naturais com mudanças abruptas diante de perguntas estratégicas.

No entanto, o uso da leitura da linha de base deve ser sempre feito com cautela e ética. Nenhum sinal isolado deve levar a conclusões definitivas sobre o estado emocional ou as intenções de alguém. A comunicação humana é complexa e carregada de nuances. O objetivo não é julgar precipitadamente, mas refinar a percepção sobre o comportamento humano, aumentando a capacidade de interpretar mudanças sutis que passariam despercebidas para a maioria.

A precisão na leitura da linha de base não se resume apenas à identificação de variações comportamentais, mas também à compreensão de seus motivos subjacentes. Um observador experiente não apenas percebe mudanças nos padrões de alguém, mas também avalia o que pode tê-las causado. Situações de estresse, preocupações externas ou mesmo fatores fisiológicos podem interferir na linguagem corporal de forma sutil, sem necessariamente indicar dissimulação ou desconforto com um tema específico. Assim, para uma interpretação eficaz, é fundamental evitar conclusões precipitadas e considerar o indivíduo como um sistema dinâmico, em constante interação com seu ambiente.

A aplicação desse conhecimento se estende para além de áreas como segurança e investigações, tornando-se uma ferramenta valiosa na vida cotidiana. Líderes e gestores que dominam a observação da linha de base podem compreender melhor seus colaboradores e identificar sinais precoces de desmotivação ou sobrecarga. Da mesma forma, em relações pessoais, perceber desvios no comportamento habitual de um amigo ou parceiro pode ser um indicativo de que algo não está bem, permitindo abordagens mais sensíveis e empáticas. Quando bem utilizada, essa habilidade promove uma comunicação mais eficaz e relações interpessoais mais profundas.

No entanto, a leitura da linha de base deve ser sempre um meio para a compreensão e não para julgamentos precipitados. Cada indivíduo carrega uma história, e seu comportamento reflete não apenas o presente, mas também experiências passadas e características inatas. Observar sem invadir, interpretar sem condenar e perceber sem presumir são princípios essenciais para utilizar essa ferramenta de forma ética e construtiva. Assim, desenvolver essa percepção não apenas aprimora a comunicação, mas também fortalece a empatia e a capacidade de compreender o outro em sua totalidade.

# Capítulo 13
# Diferenças Culturais

A linguagem corporal, embora universal em sua essência, carrega camadas de significados que variam de acordo com a cultura. Aquilo que para um povo representa respeito, para outro pode ser interpretado como desdém. Um simples gesto com as mãos, a maneira como alguém mantém contato visual ou até mesmo a postura adotada ao sentar-se podem provocar reações completamente distintas dependendo do contexto cultural. Ignorar essas diferenças pode levar a mal-entendidos, constrangimentos e até mesmo conflitos desnecessários.

Em um mundo globalizado, onde interações entre diferentes nacionalidades são cada vez mais comuns, compreender essas variações é fundamental. O que pode parecer um sinal claro de sinceridade para um ocidental pode ser encarado como falta de respeito em outra parte do mundo. Por exemplo, enquanto nos Estados Unidos ou na Europa o contato visual direto durante uma conversa é visto como um indicativo de confiança e honestidade, em países do Leste Asiático, como Japão e Coreia do Sul, evitar o olhar fixo em uma pessoa mais velha ou em uma figura de autoridade demonstra respeito e deferência. Alguém que não compreende essa nuance pode interpretar erroneamente a postura de um asiático como timidez ou desonestidade, quando na verdade trata-se de um código social profundamente enraizado.

Outro exemplo clássico está no aperto de mão. Para muitos ocidentais, um aperto firme demonstra segurança e assertividade. No entanto, em países como a China, um aperto de mão muito forte pode ser considerado agressivo, enquanto um aperto mais leve não indica falta de interesse, mas sim uma maneira educada e respeitosa de cumprimento. Da mesma forma, o tempo que uma pessoa segura a mão do outro pode ter significados diferentes: enquanto um cumprimento rápido é padrão nos Estados Unidos, em algumas regiões da África e do Oriente Médio, segurar a mão por alguns segundos a mais é um sinal de amizade e proximidade, e retirar a mão rapidamente pode ser interpretado como rudeza.

Gestos com as mãos também são um território cheio de armadilhas culturais. O polegar para cima, amplamente usado em países ocidentais como símbolo de aprovação, pode ter um significado completamente diferente no Oriente Médio e no sul da Itália, onde pode ser interpretado como um gesto ofensivo, semelhante a um insulto obsceno. Da mesma forma, o sinal de "ok" feito com o polegar e o indicador formando um círculo, comum nos Estados Unidos, pode ser visto como um gesto insultuoso em países como Brasil e Turquia.

A proximidade física durante uma conversa é outra área onde diferenças culturais podem gerar desconforto. Em culturas latinas e árabes, é comum que as pessoas conversem a uma curta distância, tocando-se ocasionalmente no ombro ou no braço para reforçar a conexão. Já em países nórdicos e no Japão, essa proximidade pode ser vista como invasiva, e um maior espaço pessoal é esperado. Da mesma forma, abraços e beijos no rosto como forma de saudação são naturais em países como Brasil, França e Argentina, mas podem ser desconfortáveis ou inapropriados em culturas mais reservadas, como na Alemanha ou na China.

O modo como alguém se senta também pode comunicar diferentes mensagens dependendo da cultura. Em muitos países asiáticos e do Oriente Médio, mostrar a sola dos pés para alguém é considerado um gesto desrespeitoso, pois os pés são vistos como a parte mais impura do corpo. Cruzar as pernas de maneira descuidada, deixando a sola do sapato voltada para outra pessoa, pode ser ofensivo em locais como Tailândia e Emirados Árabes Unidos, enquanto em países ocidentais isso é apenas uma postura casual sem grandes implicações sociais.

A questão do sorriso também varia bastante entre culturas. Nos Estados Unidos, sorrisos são amplamente utilizados em interações sociais, mesmo entre estranhos, como uma forma de expressar simpatia e acessibilidade. No Japão, por outro lado, o sorriso nem sempre indica felicidade – muitas vezes, ele é usado para mascarar sentimentos de desconforto ou constrangimento. Além disso, enquanto em muitas partes do mundo um sorriso aberto, mostrando os dentes, é visto como sinal de alegria e sociabilidade, em algumas culturas asiáticas pode ser considerado inadequado ou até mesmo vulgar em determinados contextos.

Diferenças culturais também influenciam a forma como a autoridade é expressa através da linguagem corporal. Em culturas mais hierárquicas, como as encontradas em muitos países asiáticos, a postura corporal tende a ser mais rígida e formal ao interagir com figuras de autoridade. O tom de voz pode ser mais baixo, e gestos excessivos podem ser evitados para não demonstrar falta de respeito. Já em culturas mais igualitárias, como nos países escandinavos, a comunicação corporal pode ser mais relaxada, sem tanta ênfase na formalidade.

A interpretação errada da linguagem corporal em contextos multiculturais pode causar sérios mal-entendidos. Um estrangeiro que não compreende as normas locais pode ser visto como desrespeitoso ou até mesmo ofensivo sem intenção. Por isso, a melhor abordagem é sempre a observação e a adaptação. Se estiver em um ambiente desconhecido, o ideal é prestar atenção à linguagem corporal dos nativos e ajustar sua postura conforme necessário.

Em negociações internacionais, essas diferenças podem ser cruciais. Um empresário que não entende a importância do silêncio em uma negociação japonesa pode interpretar pausas longas como desinteresse, quando na verdade elas são sinais de consideração e reflexão sobre o que foi dito. Da mesma forma, um executivo ocidental que fala de maneira muito enfática e faz muitos gestos pode ser visto como agressivo em culturas mais contidas, como a alemã ou a finlandesa.

A comunicação não verbal transcende barreiras linguísticas, mas não está livre de interpretações erradas. O entendimento dessas nuances não apenas melhora a qualidade das interações internacionais, mas também evita gafes culturais que podem prejudicar relações pessoais e profissionais. A chave para uma leitura corporal eficaz em ambientes multiculturais é a flexibilidade – reconhecer que não há um único padrão de comportamento e estar disposto a aprender e respeitar as diferenças.

Desenvolver uma percepção aguçada das diferenças culturais na linguagem corporal exige um olhar atento e uma atitude de aprendizado contínuo. Cada sociedade molda seus códigos de comunicação não verbal a partir de sua história, valores e tradições, tornando essencial uma abordagem flexível e respeitosa ao interagir com diferentes culturas. O viajante atento, o negociador experiente e o profissional globalizado sabem que observar antes de agir pode evitar mal-entendidos e fortalecer conexões. Quando se compreende que a mesma expressão pode transmitir significados opostos dependendo do contexto, abre-se um caminho para interações mais fluidas e enriquecedoras.

Mais do que apenas evitar erros ou gafes, a sensibilidade para as nuances da linguagem corporal permite criar vínculos genuínos e demonstrar respeito pelas tradições alheias. Pequenos gestos, como ajustar a distância interpessoal, modular o tom de voz ou adotar posturas mais alinhadas com os costumes locais, podem fazer grande diferença na construção de confiança e empatia. Esse cuidado se torna um diferencial em relações interpessoais e profissionais, mostrando que a verdadeira comunicação vai além das palavras e se manifesta na maneira como nos apresentamos ao mundo.

Ao reconhecer que a linguagem corporal é um reflexo da cultura e não um código fixo de sinais universais, tornamo-nos comunicadores mais eficazes e cidadãos globais mais preparados. O entendimento das diferenças culturais não deve ser encarado como um obstáculo, mas sim como uma oportunidade de ampliar horizontes e enriquecer as interações humanas. Afinal, o respeito às particularidades do outro não apenas fortalece os laços sociais, mas também nos ensina a enxergar o mundo com mais sensibilidade e abertura.

# Capítulo 14
# Diferenças Individuais

Cada ser humano carrega consigo um código único de expressões, posturas e gestos, moldado não apenas pela cultura em que nasceu, mas também por fatores individuais como personalidade, idade, gênero e experiências de vida. Esses elementos influenciam profundamente a maneira como alguém se comunica não verbalmente, tornando impossível aplicar uma única fórmula para interpretar gestos e expressões. O risco de generalizar comportamentos sem considerar as diferenças individuais é grande, podendo levar a conclusões equivocadas sobre emoções e intenções.

Para compreender a linguagem corporal de forma precisa, é fundamental levar em conta esses aspectos. Duas pessoas podem cruzar os braços por razões completamente distintas: enquanto uma pode estar se sentindo desconfortável ou defensiva, a outra pode simplesmente achar essa posição confortável ou até mesmo ter o hábito de fazê-lo quando está concentrada. Sem considerar a individualidade de cada pessoa, a leitura corporal se torna uma interpretação rasa e imprecisa.

A personalidade é um dos principais fatores que influenciam a comunicação não verbal. Extrovertidos tendem a demonstrar emoções de maneira mais evidente, utilizando gestos amplos e expressões faciais dinâmicas. Seus movimentos podem ser expansivos, com braços abertos e posturas relaxadas, e a proximidade física costuma ser menor problema para eles.

Introvertidos, por outro lado, podem apresentar um comportamento mais contido, expressando-se de maneira mais sutil. Seus gestos podem ser menos frequentes, suas expressões faciais podem parecer mais neutras e seu tom de voz pode ser mais baixo. Isso não significa que estejam desconfortáveis ou desinteressados, apenas que sua forma natural de se expressar é menos exuberante.

Ao observar uma interação, uma pessoa não familiarizada com essas diferenças pode interpretar erroneamente um introvertido como distante ou desinteressado, quando na verdade ele está apenas seguindo seu padrão habitual de comportamento. Da mesma forma, um extrovertido pode ser erroneamente julgado como invasivo ou exagerado, quando esse é simplesmente seu modo natural de se comunicar.

Embora cada indivíduo seja único, existem algumas tendências gerais na forma como homens e mulheres utilizam a linguagem corporal. De maneira geral, pesquisas indicam que as mulheres costumam demonstrar mais expressividade facial, utilizando sorrisos, inclinações de cabeça e gestos mais frequentes durante uma conversa. Elas também tendem a se inclinar mais para frente ao interagir com alguém, um indicativo de envolvimento na conversa.

Os homens, por outro lado, frequentemente utilizam uma linguagem corporal mais contida, com menos expressões faciais e movimentos corporais. Em interações sociais, podem preferir manter uma postura mais fixa e um contato visual mais direto, o que pode ser interpretado como assertividade. Também há uma tendência para ocuparem mais espaço, seja através da postura ou do posicionamento dos braços e pernas.

Essas diferenças não são regras absolutas e variam conforme a personalidade, cultura e contexto. Além disso, muitos desses padrões estão ligados a normas sociais e expectativas culturais sobre os papéis de gênero, que influenciam o comportamento desde a infância. Por isso, é essencial evitar generalizações rígidas.

A idade também desempenha um papel fundamental na linguagem corporal. Crianças, por exemplo, tendem a ser mais transparentes em suas expressões e gestos. Elas possuem menos filtros sociais e exibem emoções de forma mais direta: pulam de alegria, cruzam os braços em descontentamento ou desviam o olhar quando estão envergonhadas.

Adolescentes, por outro lado, podem apresentar um comportamento corporal mais hesitante, especialmente em situações sociais onde sentem insegurança. O contato visual pode ser evitado, os ombros podem ser mantidos caídos e os movimentos podem parecer mais desajeitados devido ao processo de desenvolvimento da autoimagem.

Adultos, por sua vez, geralmente possuem um maior controle sobre suas expressões e posturas. A linguagem corporal tende a ser mais refinada e adaptada às normas sociais, tornando-se menos impulsiva e mais estratégica. Já os idosos podem apresentar gestos mais contidos e posturas mais rígidas devido a fatores físicos, como perda de mobilidade ou dores musculares, que impactam sua maneira de se movimentar.

Essas mudanças ao longo da vida mostram que a mesma expressão ou postura pode ter diferentes significados dependendo da idade da pessoa. Um adolescente olhando para o chão durante uma conversa pode estar expressando timidez, enquanto um idoso pode simplesmente estar evitando luz forte devido à sensibilidade ocular.

A trajetória de vida de uma pessoa também influencia fortemente sua linguagem corporal. Alguém que passou por situações traumáticas pode adotar gestos mais fechados e defensivos, mesmo em contextos onde não há perigo. Pessoas que cresceram em ambientes onde a expressão emocional não era incentivada podem ter dificuldades em demonstrar sentimentos abertamente, mesmo quando estão profundamente envolvidos em uma conversa.

Por outro lado, indivíduos que tiveram experiências que fortaleceram sua autoconfiança podem apresentar uma postura corporal mais aberta e segura, mesmo em situações de desafio. Isso explica por que duas pessoas expostas ao mesmo ambiente podem reagir de maneiras totalmente diferentes – cada uma carrega consigo sua própria bagagem emocional e experiências prévias.

Um dos maiores desafios ao interpretar a linguagem corporal é evitar cair em estereótipos ou suposições generalizadas. Muitas vezes, atribuímos significados fixos a determinados comportamentos sem considerar a individualidade da pessoa. Um exemplo comum é a crença de que quem evita contato visual está mentindo. No entanto, esse comportamento pode ser simplesmente um reflexo da personalidade, um hábito cultural ou até um sinal de ansiedade social.

Da mesma forma, uma pessoa que gesticula muito ao falar não está necessariamente tentando manipular ou enganar – pode ser apenas seu estilo natural de comunicação. Para evitar erros, é essencial combinar múltiplos sinais antes de tirar conclusões. Se alguém desvia o olhar, mas mantém um tom de voz firme e gestos coerentes com sua fala, é provável que a evasão do olhar não tenha relação com desonestidade.

A melhor forma de evitar equívocos ao interpretar a linguagem corporal é adotar uma abordagem flexível e contextualizada. Algumas estratégias incluem:

Observar padrões ao longo do tempo – Ao invés de tirar conclusões precipitadas com base em um único gesto, observe como a pessoa se comporta em diferentes situações e estados emocionais.

Comparar com a linha de base – Como visto no capítulo anterior, cada indivíduo tem seu próprio padrão de comportamento. Mudanças em relação a esse padrão são mais relevantes do que gestos isolados.

Considerar o contexto – O ambiente e as circunstâncias da interação influenciam a linguagem corporal. Um gesto pode ter significados distintos dependendo do momento em que ocorre.

Evitar julgamentos automáticos – Questionar suposições e procurar mais informações antes de atribuir significados fixos a determinada expressão ou postura.

Desenvolver uma interpretação precisa da linguagem corporal exige sensibilidade para reconhecer que cada indivíduo expressa emoções e intenções de maneira única. Quando levamos em conta fatores como personalidade, experiências de vida e contexto social, conseguimos evitar leituras superficiais e construir uma percepção mais fiel da comunicação não verbal. O erro mais comum é aplicar regras rígidas e universais a gestos que, na realidade, variam conforme o indivíduo. Assim, em vez de buscar significados fixos para cada expressão, o ideal é adotar uma abordagem investigativa e flexível, considerando múltiplos sinais antes de tirar conclusões.

A compreensão das diferenças individuais também fortalece a empatia e aprimora as interações interpessoais. Quando reconhecemos que nem todos expressam emoções da mesma forma, evitamos julgamentos precipitados e criamos um espaço de comunicação mais aberto e respeitoso. Isso é especialmente valioso em ambientes profissionais, onde líderes e colaboradores que sabem interpretar corretamente a linguagem corporal conseguem identificar desconfortos, inseguranças e até oportunidades de fortalecer relações. No dia a dia, essa sensibilidade nos ajuda a nos conectar de maneira mais genuína com as pessoas ao nosso redor, respeitando seus estilos de comunicação.

A verdadeira maestria na leitura da linguagem corporal não está na decodificação mecânica de gestos isolados, mas na capacidade de compreender o outro em sua totalidade. Isso envolve observar padrões, considerar o histórico e o contexto, e, acima de tudo, manter uma postura de aprendizado constante. Quanto mais atentos estivermos às diferenças individuais, mais eficaz e humanizada será nossa comunicação, permitindo interações mais ricas, autênticas e significativas.

leitura corporal, quando realizada com sensibilidade às diferenças individuais, torna-se uma ferramenta poderosa para entender melhor as emoções e intenções das pessoas. Em vez de buscar padrões rígidos, o observador atento aprende a identificar nuances e contextos, ajustando sua interpretação para cada indivíduo e situação. Ao fazer isso, ele se torna não apenas um leitor mais preciso da comunicação não verbal, mas também um comunicador mais empático e eficaz.

# Capítulo 15
## Técnica do Espelho

A comunicação humana vai muito além das palavras. Muitas vezes, o que se diz é apenas uma pequena fração do que realmente é transmitido em uma interação. O corpo fala por meio de gestos, posturas e expressões sutis, e há um fenômeno especialmente intrigante dentro desse universo: o espelhamento. Esse fenômeno ocorre quando duas pessoas, inconscientemente, começam a imitar os movimentos e padrões comportamentais uma da outra, refletindo gestos, postura, expressões faciais e até mesmo o ritmo da fala. O espelhamento é um sinal natural de conexão e sintonia, um mecanismo que a mente adota para criar um vínculo entre interlocutores.

O espelhamento não acontece por acaso. Ele é um resquício da necessidade evolutiva de criar laços e estabelecer pertencimento dentro de grupos sociais. Desde os primórdios da humanidade, indivíduos que demonstravam comportamentos semelhantes aos do grupo tinham maiores chances de aceitação e proteção. Esse comportamento continua presente, mesmo que de forma inconsciente, nas interações modernas. Quando duas pessoas estão em sintonia, seus corpos reagem de maneira similar. Se uma delas cruza os braços, a outra pode, sem perceber, fazer o mesmo. Se um indivíduo se inclina levemente para frente enquanto ouve uma história envolvente, o outro pode repetir esse movimento. Esse reflexo automático indica empatia e conexão, tornando a interação mais fluida e agradável.

    Observar o espelhamento em ação pode ser fascinante. Em uma conversa entre amigos próximos, por exemplo, é comum notar que ambos adotam posturas semelhantes ao longo do diálogo. Em relacionamentos românticos, casais frequentemente espelham um ao outro de maneira sutil, reforçando a intimidade. Até mesmo em grupos sociais, como reuniões de trabalho ou encontros casuais, o espelhamento pode ocorrer quando há concordância e harmonia entre os participantes. Essa sincronia não verbal fortalece o relacionamento interpessoal, criando uma sensação de conforto e entendimento mútuo.

    Além de ser um reflexo natural, o espelhamento pode ser utilizado de forma consciente para gerar conexão e construir rapport, termo utilizado para descrever um relacionamento baseado em empatia e confiança. Quando uma pessoa espelha levemente os gestos e posturas do outro, isso pode criar uma sensação de familiaridade e sintonia, facilitando a comunicação e tornando a conversa mais envolvente. Esse princípio é amplamente utilizado em áreas como vendas, negociação, psicologia e até mesmo no campo da política. Líderes carismáticos frequentemente empregam essa técnica para se conectar com seus ouvintes, ajustando sua linguagem corporal para refletir a do público, tornando sua presença mais acessível e persuasiva.

Embora o espelhamento seja uma ferramenta poderosa, é necessário aplicá-lo com sutileza. A imitação exagerada pode ter o efeito contrário ao desejado, tornando a interação artificial e desconfortável. Quando o espelhamento é forçado, ele perde seu caráter natural e pode ser percebido como uma tentativa manipulativa. O segredo para utilizá-lo de maneira eficaz está na moderação. Pequenos ajustes na postura, uma leve inclinação corporal ou a adaptação ao ritmo da fala do interlocutor são suficientes para criar sintonia sem parecer forçado.

O espelhamento não se limita apenas à postura e gestos. Ele também pode ocorrer no tom de voz, na escolha das palavras e até no ritmo da respiração. Quando duas pessoas compartilham um estado emocional semelhante, seus padrões fisiológicos podem se sincronizar de maneira imperceptível. Esse fenômeno é particularmente notável em situações de grande empatia, como quando alguém compartilha uma experiência emocionalmente intensa e o ouvinte, ao se conectar com o relato, ajusta involuntariamente seu tom de voz e expressão facial para refletir o sentimento transmitido.

Pesquisas mostram que o espelhamento pode aumentar a sensação de confiança entre as pessoas. Em estudos sobre comunicação interpessoal, indivíduos que tiveram seus gestos e posturas espelhados relataram uma maior sensação de conforto e conexão com seus interlocutores, mesmo sem perceberem conscientemente que estavam sendo imitados. Esse efeito pode ser aplicado de maneira estratégica em interações importantes, como entrevistas de emprego, apresentações públicas e negociações comerciais.

No contexto profissional, o uso adequado do espelhamento pode ser um diferencial significativo. Em uma negociação, por exemplo, quando um vendedor ajusta seu ritmo e linguagem corporal de acordo com o cliente, ele aumenta as chances de estabelecer um vínculo positivo e influenciar a decisão de compra. Em entrevistas de emprego, candidatos que demonstram sintonia com o entrevistador, por meio de posturas semelhantes e expressões coerentes, podem ser percebidos como mais confiáveis e compatíveis com a cultura da empresa. Líderes que sabem utilizar essa técnica conseguem criar um ambiente de cooperação, tornando-se mais acessíveis para suas equipes e promovendo um ambiente de trabalho mais harmonioso.

O espelhamento também pode ser aplicado em contextos mais informais, como interações sociais e relacionamentos pessoais. Durante uma conversa, prestar atenção ao ritmo e ao tom de voz do outro e fazer ajustes sutis para harmonizar a comunicação pode tornar a interação mais envolvente. Esse tipo de adaptação inconsciente contribui para a sensação de proximidade e compreensão, criando uma conexão mais genuína entre os envolvidos.

Apesar dos inúmeros benefícios, é essencial lembrar que o espelhamento deve ser sempre utilizado de maneira ética. O objetivo não deve ser manipular ou influenciar o comportamento do outro de forma desonesta, mas sim criar um ambiente de comunicação mais fluido e natural. Quando feito com autenticidade, o espelhamento se torna uma ferramenta poderosa para fortalecer relações e melhorar a qualidade das interações interpessoais.

A prática do espelhamento pode ser desenvolvida ao longo do tempo. Observar interações naturais entre pessoas próximas, analisar como gestos e posturas se alinham espontaneamente e experimentar pequenas adaptações na própria comunicação são formas eficazes de aprimorar essa habilidade. Quanto mais atento alguém estiver à linguagem corporal de seu interlocutor, mais fácil será perceber oportunidades para criar sintonia por meio do espelhamento.

No dia a dia, essa técnica pode ser aplicada em diferentes situações para melhorar a comunicação e a conexão interpessoal. Em uma reunião de negócios, por exemplo, adotar uma postura semelhante à do outro participante pode criar um ambiente de maior confiança. Em um encontro social, alinhar-se sutilmente ao tom e ao ritmo da conversa pode facilitar a criação de laços. Em uma conversa difícil, demonstrar empatia por meio da linguagem corporal pode ajudar a desarmar tensões e tornar o diálogo mais produtivo.

O espelhamento, quando aplicado com naturalidade e propósito, transforma interações comuns em experiências mais significativas e harmoniosas. Ele funciona como um elo invisível entre os interlocutores, reforçando a sensação de pertencimento e compreensão mútua. Seja em uma negociação estratégica, em um encontro social ou em um momento de apoio emocional, a capacidade de sintonizar-se com a linguagem corporal do outro pode ser a chave para estabelecer conexões mais autênticas. No entanto, para que essa técnica seja eficaz, é fundamental que ela venha acompanhada de uma escuta ativa e de uma verdadeira intenção de conexão, evitando a artificialidade ou qualquer traço de manipulação.

Quando praticado com sensibilidade, o espelhamento se torna uma ferramenta poderosa para fortalecer laços interpessoais. No ambiente profissional, ele ajuda a construir confiança e facilita a colaboração entre equipes. Nas relações pessoais, promove empatia e proximidade. Pequenos ajustes na postura, na entonação da voz e nos gestos podem fazer toda a diferença na forma como somos percebidos e na maneira como conduzimos nossas interações diárias. Saber utilizar essa técnica com sutileza significa aprimorar não apenas a comunicação, mas também a capacidade de se adaptar e compreender diferentes estilos de expressão.

A verdadeira essência do espelhamento reside na harmonia que ele pode criar entre as pessoas. Mais do que uma estratégia, trata-se de uma forma de tornar a comunicação mais fluida e enriquecedora. Quando usado de maneira espontânea e respeitosa, ele reforça o entendimento e a sintonia, tornando as interações mais naturais e fortalecendo os laços humanos em qualquer contexto.

# Capítulo 16
## Sinais Positivos

A linguagem corporal não se limita à detecção de enganos ou ao reconhecimento de emoções negativas. Muitas vezes, os sinais mais valiosos estão nos pequenos gestos que indicam abertura, receptividade e conexão entre as pessoas. Esses sinais positivos são fundamentais para interpretar corretamente uma interação e estabelecer uma comunicação mais eficaz. Entender como o corpo transmite conforto, interesse e concordância permite não apenas perceber quando uma conversa está fluindo bem, mas também ajustar a própria postura para estimular um ambiente mais harmonioso.

Um dos sinais mais comuns de receptividade é a inclinação do corpo na direção do interlocutor. Quando alguém está interessado e envolvido na conversa, tende a se aproximar sutilmente, reduzindo a distância física de maneira inconsciente. Esse movimento indica que a pessoa está confortável e engajada no diálogo. Por outro lado, um afastamento repentino ou uma mudança na direção do tronco pode sinalizar desinteresse ou desconforto.

Os braços e as mãos também desempenham um papel crucial na transmissão de sinais positivos. Braços descruzados e relaxados indicam uma postura aberta, sugerindo que a pessoa está receptiva ao que está sendo dito. Já as palmas das mãos voltadas para cima demonstram honestidade e transparência, enquanto gestos suaves e ritmados reforçam a fluidez da comunicação. Movimentos exagerados ou abruptos podem ser interpretados como impaciência ou tensão, enquanto gestos naturais e comedidos criam um clima de proximidade e compreensão.

O contato visual é outro elemento essencial na expressão de interesse e confiança. Manter um olhar firme, mas não intimidador, demonstra atenção e respeito. Quando alguém mantém contato visual consistente sem parecer forçado, isso sugere que está realmente presente na conversa. No entanto, é importante lembrar que a intensidade e a duração do contato visual variam conforme a cultura e a personalidade do indivíduo. Enquanto em algumas culturas o olhar direto é sinal de sinceridade, em outras pode ser visto como invasivo.

Os sorrisos são talvez os mais poderosos sinais positivos da linguagem corporal. Um sorriso genuíno, que envolve não apenas os lábios, mas também os olhos e os músculos da face, indica satisfação, empatia e acolhimento. Pessoas que sorriem durante uma conversa criam um ambiente mais agradável e transmitem confiança. Entretanto, há diferenças entre sorrisos verdadeiros e sorrisos sociais. O sorriso autêntico, também conhecido como sorriso de Duchenne, ativa os músculos ao redor dos olhos e é difícil de ser falsificado. Já o sorriso social, muitas vezes utilizado por cortesia, pode ser identificado pela falta de envolvimento dos olhos e por uma leve assimetria nos lábios.

Os pequenos acenos de cabeça também são indicativos de concordância e encorajamento. Quando alguém faz pequenos movimentos verticais com a cabeça enquanto ouve, isso sugere que está acompanhando a conversa e validando o que está sendo dito. Esse gesto pode ser especialmente útil em interações sociais e profissionais, pois reforça a sensação de que a comunicação está sendo bem recebida.

Outro comportamento que indica interesse e sintonia é o espelhamento inconsciente. Quando duas pessoas estão bem conectadas, seus gestos, expressões e posturas começam a se alinhar de maneira natural. Esse fenômeno, discutido anteriormente, demonstra uma sintonia profunda e pode ser um excelente indicativo de que a interação está fluindo bem.

A posição das pernas e dos pés também pode fornecer pistas sobre o nível de conforto em uma interação. Pés voltados na direção do interlocutor indicam envolvimento e atenção, enquanto pés apontados para outra direção podem sugerir um desejo de encerrar a conversa. Esse detalhe, muitas vezes despercebido, pode revelar muito sobre a disposição de uma pessoa em continuar uma interação.

A postura corporal geral também comunica mensagens importantes. Uma postura ereta, mas relaxada, transmite confiança e abertura. Ombros alinhados e peito levemente expandido indicam segurança e disposição para a interação. Já uma postura muito rígida pode ser interpretada como nervosismo ou tensão, enquanto uma postura excessivamente relaxada pode sugerir desinteresse.

Expressões faciais sutis podem reforçar os sinais positivos em uma conversa. Um ligeiro levantamento das sobrancelhas no início de uma interação pode indicar surpresa ou interesse genuíno. Uma expressão relaxada, sem tensão na testa ou nos lábios, demonstra conforto e receptividade. Pequenos sinais de envolvimento emocional, como um brilho nos olhos ao falar sobre algo apaixonante, tornam a comunicação mais autêntica e envolvente.

A linguagem corporal positiva pode ser utilizada de maneira consciente para influenciar a dinâmica de uma conversa. Em contextos profissionais, por exemplo, um líder que deseja incentivar sua equipe pode adotar uma postura aberta e acolhedora, mantendo contato visual e utilizando gestos suaves para reforçar suas palavras. Em encontros sociais, demonstrar envolvimento por meio da inclinação corporal, sorrisos e pequenos acenos de cabeça pode tornar a interação mais agradável e criar um ambiente de maior conexão.

A forma como alguém se posiciona em relação ao espaço físico também pode indicar abertura ou reserva. Pessoas que deixam objetos, como bolsas ou pastas, entre elas e o interlocutor podem estar criando uma barreira inconsciente. Por outro lado, indivíduos que mantêm o espaço livre entre si e os outros geralmente demonstram maior receptividade e conforto na interação.

O tom de voz e o ritmo da fala também fazem parte da linguagem corporal e podem reforçar os sinais positivos. Um tom de voz estável e moderado transmite calma e confiança, enquanto um ritmo de fala equilibrado indica segurança e clareza de pensamento. Evitar interrupções e permitir pausas naturais na conversa reforça a sensação de respeito e atenção ao interlocutor.

A aplicação consciente desses sinais pode transformar a forma como alguém se comunica. Ao entender e utilizar a linguagem corporal positiva, é possível criar interações mais fluidas, construir relacionamentos mais sólidos e estabelecer um ambiente de maior confiança. Pequenos ajustes na postura, no olhar e nos gestos podem fazer uma grande diferença na maneira como as mensagens são recebidas e interpretadas pelos outros.

Observar e reconhecer sinais positivos na linguagem corporal dos outros também ajuda a interpretar melhor as interações e ajustar a abordagem conforme necessário. Se uma pessoa demonstra sinais de interesse e engajamento, isso pode indicar que a comunicação está sendo bem recebida. Se, por outro lado, os sinais positivos desaparecem ao longo da conversa, pode ser necessário reavaliar a abordagem e identificar possíveis ajustes para manter a interação agradável e produtiva.

O estudo da linguagem corporal é um processo contínuo, e quanto mais alguém desenvolve sua percepção para os sinais positivos, mais eficaz se torna sua comunicação. Praticar a observação atenta e experimentar diferentes formas de ajustar a própria postura e expressões pode proporcionar um domínio mais refinado da comunicação não verbal.

Compreender e aplicar a linguagem corporal positiva vai além da simples observação; trata-se de um exercício contínuo de percepção e adaptação. Pequenos gestos, quando usados de maneira intencional, podem influenciar significativamente a forma como as pessoas nos percebem e respondem a nós. Seja no ambiente profissional, em interações sociais ou até mesmo em momentos cotidianos, a consciência desses sinais permite ajustar nossa comunicação para criar conexões mais genuínas e eficazes. O domínio desses elementos não apenas aprimora a interação interpessoal, mas também fortalece a autoconfiança, pois saber interpretar e transmitir sinais de receptividade e interesse torna a comunicação mais assertiva e natural.

Além disso, cultivar a habilidade de reconhecer sinais positivos nos outros proporciona uma compreensão mais profunda do contexto de uma conversa. A linguagem corporal funciona como um reflexo do estado emocional e da disposição de uma pessoa, e captar essas sutilezas pode evitar mal-entendidos e fortalecer relações interpessoais. Se um interlocutor se mostra engajado, com inclinações sutis, sorrisos autênticos e gestos abertos, isso indica uma atmosfera favorável para o diálogo. Por outro lado, a ausência desses sinais pode sugerir a necessidade de ajustes na abordagem para restabelecer a conexão e tornar a troca mais produtiva.

A linguagem corporal positiva, portanto, não é apenas uma ferramenta de comunicação, mas um meio de criar ambientes mais acolhedores e relações mais harmoniosas. Ao integrar esses conhecimentos ao dia a dia, é possível transformar interações comuns em experiências mais agradáveis e significativas. O aprimoramento dessa percepção leva a uma comunicação mais empática e eficaz, tornando cada conversa uma oportunidade de fortalecimento dos laços interpessoais.

# Capítulo 17
# Sinais Negativos

A comunicação humana não se resume às palavras ditas; grande parte do que transmitimos vem de nossos gestos, posturas e expressões faciais. Enquanto sinais positivos indicam receptividade e conexão, sinais negativos revelam desconforto, desinteresse, irritação ou até mesmo hostilidade. Aprender a identificar esses sinais é essencial para compreender melhor as emoções ocultas por trás das interações cotidianas. Muitas vezes, a linguagem corporal revela sentimentos que as palavras tentam disfarçar, e aqueles que sabem observar esses sinais conseguem ajustar sua abordagem para evitar conflitos, melhorar a comunicação e criar relações mais harmoniosas.

Entre os sinais mais evidentes de resistência ou fechamento está o cruzamento de braços. Embora esse gesto possa, em alguns casos, ser apenas uma posição confortável, ele frequentemente indica que a pessoa está na defensiva ou desinteressada na conversa. Quando acompanhado por um semblante sério e um olhar distante, esse comportamento sugere que o interlocutor pode estar discordando silenciosamente do que está sendo dito ou tentando se proteger emocionalmente. Um cruzamento de pernas também pode reforçar essa postura de afastamento, especialmente quando combinado com um corpo virado para longe do falante.

Outro indicativo claro de desconforto é o desvio frequente do olhar. Embora em alguns casos o olhar evasivo possa ser resultado de timidez ou traços de personalidade, quando ocorre de maneira abrupta e repetitiva, pode ser um sinal de que a pessoa deseja encerrar a interação ou evitar determinado assunto. Em conversas difíceis, o olhar fugidio pode indicar que alguém está ocultando informações ou se sentindo acuado. Além disso, quando os olhos piscam excessivamente ou se movimentam de forma rápida ao redor do ambiente, isso pode revelar nervosismo ou tentativa de distração.

A tensão muscular também denuncia estados emocionais negativos. Ombros erguidos e mandíbula cerrada são sinais claros de estresse ou frustração. Muitas vezes, pessoas que tentam controlar suas emoções acabam tensionando involuntariamente o rosto, comprimindo os lábios ou franzindo a testa. Esses pequenos ajustes, que podem durar apenas alguns segundos, revelam que algo incomoda a pessoa, mesmo que ela tente disfarçar com palavras neutras ou um tom de voz controlado.

A inquietação corporal é outro sinal de que algo não está bem. Movimentos repetitivos, como batucar os dedos na mesa, balançar os pés insistentemente ou mexer em objetos ao redor, indicam impaciência, ansiedade ou desconforto. Esse comportamento pode se manifestar especialmente em situações de tensão, como entrevistas de emprego, reuniões importantes ou discussões delicadas. Quanto maior a agitação do corpo, mais provável que a pessoa esteja tentando lidar com um desconforto interno.

O distanciamento físico também comunica mensagens poderosas. Quando alguém se afasta sutilmente ao longo de uma conversa, pode estar sinalizando um desejo inconsciente de encerrar a interação. Em um ambiente profissional, um chefe que mantém uma postura rígida e se inclina para trás ao ouvir um funcionário pode estar transmitindo desinteresse ou ceticismo em relação ao que está sendo dito. Da mesma forma, uma pessoa que se posiciona de maneira lateral ou vira os pés para outra direção indica que sua atenção está se dissipando ou que não deseja aprofundar aquele contato.

A expressão facial desempenha um papel crucial na identificação de sinais negativos. Lábios apertados ou pressionados revelam preocupação ou insatisfação. Quando alguém levanta um dos cantos da boca de forma assimétrica, isso pode indicar desdém ou sarcasmo. Olhares fixos e frios, sem piscadas naturais, costumam ser interpretados como intimidação ou tentativa de imposição de autoridade. A sobrancelha arqueada ou franzida pode demonstrar dúvida ou reprovação. Pequenos detalhes no rosto, muitas vezes imperceptíveis para a maioria das pessoas, carregam informações valiosas sobre o estado emocional de um interlocutor.

A voz também faz parte da comunicação não verbal e pode carregar indícios de emoções negativas. Quando alguém responde de maneira monótona e sem variações na entonação, pode estar desinteressado ou emocionalmente distante. Se o tom de voz sobe repentinamente, pode indicar irritação ou tentativa de imposição. Pausas longas e suspiros profundos podem sugerir frustração ou cansaço. Quando a fala se torna mais acelerada e fragmentada, pode ser um sinal de ansiedade ou hesitação.

Além dos sinais individuais, é importante analisar a combinação de diferentes elementos da linguagem corporal para uma interpretação mais precisa. Um único gesto isolado pode não significar muito, mas quando vários sinais negativos aparecem simultaneamente, a mensagem torna-se mais clara. Alguém que cruza os braços, desvia o olhar e balança os pés pode estar impaciente ou desconfortável. Uma pessoa que tensiona a mandíbula, fala em tom seco e mantém os punhos cerrados pode estar reprimindo raiva ou frustração.

O contexto da interação também é fundamental para interpretar corretamente os sinais negativos. Em um ambiente formal, gestos sutis podem carregar significados mais intensos do que em um contexto descontraído. Em uma conversa casual entre amigos, um leve desvio de olhar pode não ter grande importância, mas em uma negociação de negócios, essa mesma atitude pode ser interpretada como falta de confiança ou hesitação.

Reconhecer sinais negativos na linguagem corporal não significa apenas detectar emoções como raiva ou impaciência, mas também compreender quando alguém precisa de espaço ou apoio. Muitas vezes, as pessoas não verbalizam seus desconfortos, mas seu corpo transmite mensagens que podem ser interpretadas corretamente por um observador atento. Um colega de trabalho que evita contato visual e mantém os braços cruzados pode estar lidando com uma situação difícil. Um amigo que responde de maneira breve e mantém a postura fechada pode estar precisando de apoio emocional.

Saber identificar esses sinais permite ajustar a abordagem durante uma conversa. Se um interlocutor começa a demonstrar sinais de impaciência, pode ser um indicativo de que a explicação precisa ser mais objetiva. Se alguém mostra sinais de desconforto ao falar sobre determinado assunto, é possível suavizar o tom da conversa ou mudar de tema para evitar constrangimentos. Essa sensibilidade na interpretação da linguagem corporal ajuda a criar interações mais empáticas e eficazes.

É importante lembrar que a leitura da linguagem corporal não é uma ciência exata. Nem todos os sinais negativos indicam um problema, e nem sempre um gesto específico tem o mesmo significado para todas as pessoas. Cada indivíduo possui sua própria linha de base comportamental, e mudanças em relação a esse padrão são mais significativas do que a presença isolada de um gesto ou postura.

Aprofundar-se na interpretação dos sinais negativos da linguagem corporal não apenas aprimora a comunicação interpessoal, mas também permite interações mais sensíveis e estratégicas. Ao perceber que alguém demonstra desconforto, tensão ou desinteresse, é possível ajustar o próprio comportamento para amenizar possíveis mal-entendidos e evitar conflitos desnecessários. Essa percepção aguçada favorece tanto relações pessoais quanto profissionais, possibilitando um diálogo mais fluido e respeitoso. A habilidade de identificar esses sinais e reagir de maneira adequada torna a comunicação mais equilibrada e menos propensa a rupturas indesejadas.

Além disso, compreender a linguagem corporal negativa permite que se desenvolva uma postura mais autoconsciente. Muitas vezes, enviamos sinais de fechamento ou desagrado sem perceber, afetando a forma como os outros nos enxergam e interpretam nossas intenções. Observar e ajustar esses comportamentos pode melhorar significativamente a forma como nos conectamos com os outros, tornando-nos mais acessíveis e receptivos. Pequenas mudanças, como relaxar a expressão facial, manter um tom de voz mais estável e adotar gestos menos defensivos, podem transformar completamente a dinâmica de uma conversa e abrir espaço para interações mais produtivas e harmoniosas.

Dominar a leitura dos sinais negativos da linguagem corporal é, portanto, uma ferramenta valiosa para fortalecer as relações humanas. Ao combinar essa percepção com empatia e flexibilidade na comunicação, torna-se mais fácil construir um ambiente de entendimento mútuo, onde mal-entendidos são minimizados e a conexão entre as pessoas se torna mais autêntica. Assim, a capacidade de interpretar e gerenciar os sinais não verbais transforma cada interação em uma oportunidade de criar vínculos mais sólidos e significativos.

# Capítulo 18
## Emoções e Corpo

O corpo humano é um reflexo direto do que se passa na mente. As emoções, mesmo quando não verbalizadas, deixam marcas visíveis na postura, nos gestos e na expressão facial. Cada sentimento gera uma reação física que, muitas vezes, ocorre de maneira involuntária. A alegria se expressa por meio de sorrisos e gestos expansivos; a tristeza se manifesta em ombros caídos e olhar distante; o medo pode ser percebido pelo encolhimento do corpo e pela tensão muscular. A ligação entre emoção e corpo é tão profunda que, em muitos casos, os sinais físicos surgem antes mesmo da pessoa tomar consciência do que está sentindo.

O estado emocional de um indivíduo influencia diretamente sua linguagem corporal. Quando alguém se sente confiante e feliz, a postura tende a ser ereta, os movimentos são fluidos e os músculos relaxados. O contato visual se torna mais natural e o tom de voz ganha variações que demonstram entusiasmo. Por outro lado, quando há insegurança ou desconforto, o corpo reage de forma diferente: a postura se torna retraída, os gestos diminuem e a expressão facial pode se fechar. Essas mudanças são tão sutis que, muitas vezes, passam despercebidas pela própria pessoa, mas são captadas inconscientemente por quem observa.

A felicidade é uma das emoções mais fáceis de identificar na linguagem corporal. Um sorriso genuíno, conhecido como sorriso de Duchenne, envolve não apenas os lábios, mas também os músculos ao redor dos olhos, criando pequenas rugas no canto externo. Esse tipo de sorriso é difícil de falsificar, pois exige uma ativação muscular espontânea associada à alegria verdadeira. Além do sorriso, outros sinais de felicidade incluem um andar mais leve, um ritmo de fala animado e gestos mais frequentes e soltos. Pessoas felizes também tendem a inclinar levemente a cabeça enquanto ouvem, demonstrando envolvimento e simpatia.

A tristeza, por outro lado, se reflete em uma série de comportamentos corporais característicos. Os ombros caídos, a postura curvada e os movimentos lentos são sinais de desânimo. O olhar pode se fixar no chão ou perder o foco, e a expressão facial se torna mais apagada, com pouca movimentação dos músculos. Quando alguém está triste, os gestos de autoconsolo podem se tornar mais frequentes, como esfregar as mãos, abraçar o próprio corpo ou tocar o rosto repetidamente. Essas ações são tentativas inconscientes de amenizar a sensação de desconforto emocional.

O medo e a ansiedade também têm manifestações corporais claras. O corpo se enrijece, os músculos se contraem e a respiração se torna mais rápida e superficial. Os olhos podem se arregalar em resposta a uma ameaça percebida, e a pessoa pode inclinar ligeiramente a cabeça para trás, como se estivesse tentando se afastar do perigo. Outro sinal comum do medo é o aumento da inquietação corporal, como balançar os pés, roer as unhas ou mexer repetidamente em objetos. Em situações de extrema ansiedade, a pessoa pode até apresentar tremores sutis nas mãos ou um leve suor nas palmas.

A raiva é uma emoção intensa que se manifesta de forma visível no corpo. A musculatura se contrai, especialmente na região da mandíbula e dos punhos. As sobrancelhas se aproximam, criando rugas profundas na testa, e os olhos podem se fixar de maneira intensa no interlocutor. Em algumas situações, a raiva gera movimentos bruscos e uma postura de confronto, com o peito estufado e o corpo projetado para frente. Em casos mais extremos, a pessoa pode cerrar os punhos ou apertar os lábios, segurando a tensão antes de expressá-la verbalmente.

O nojo e o desprezo são emoções que, embora sutis, possuem sinais específicos na linguagem corporal. O nojo geralmente é expresso por uma leve contração do nariz e pelo levantamento do lábio superior, como se a pessoa estivesse sentindo um cheiro desagradável. Já o desprezo se manifesta por meio de um sorriso assimétrico, em que apenas um lado da boca se eleva, acompanhado de um olhar de superioridade. Ambos os sentimentos podem ser detectados em frações de segundo, aparecendo rapidamente antes que a pessoa tente disfarçá-los.

O amor e a afeição também se refletem no corpo de maneira marcante. O contato visual prolongado, os sorrisos frequentes e os gestos suaves são sinais de proximidade emocional. Quando alguém gosta de outra pessoa, a tendência é se inclinar para mais perto durante a conversa e espelhar os movimentos do outro inconscientemente. O toque também desempenha um papel fundamental na demonstração de afeto: um toque leve no braço, um ajuste na roupa do outro ou um contato prolongado ao segurar as mãos são formas sutis de expressar carinho sem precisar de palavras.

Além das emoções primárias, há estados emocionais mais sutis que também se refletem na linguagem corporal. O tédio, por exemplo, pode ser identificado pelo desvio frequente do olhar, pelo apoio da cabeça nas mãos e pelos movimentos repetitivos, como bater os dedos na mesa. A impaciência se manifesta pelo ritmo acelerado dos movimentos, como balançar as pernas ou mexer no celular constantemente. Já a surpresa é marcada pelo levantamento das sobrancelhas, pelo aumento momentâneo do tamanho dos olhos e, em alguns casos, pela abertura da boca.

As emoções não apenas influenciam o corpo, mas também podem ser influenciadas por ele. Pesquisas indicam que adotar uma postura de confiança, como manter o peito aberto e os ombros alinhados, pode aumentar a sensação de segurança interna. Da mesma forma, forçar um sorriso por alguns segundos pode estimular a liberação de neurotransmissores ligados ao bem-estar, melhorando temporariamente o humor. Esse fenômeno demonstra que a relação entre corpo e mente é uma via de mão dupla: enquanto as emoções moldam a postura, a postura também pode moldar as emoções.

Compreender a conexão entre emoções e linguagem corporal permite não apenas interpretar melhor os outros, mas também regular as próprias reações. Em situações de estresse, controlar a respiração e relaxar os músculos pode reduzir a sensação de ansiedade. Ao lidar com alguém irritado, reconhecer os sinais físicos de tensão pode ajudar a evitar um confronto desnecessário. A leitura das emoções por meio do corpo oferece uma ferramenta poderosa para melhorar a comunicação e fortalecer os relacionamentos.

 A percepção emocional não se baseia apenas em um único gesto ou expressão, mas na combinação de múltiplos sinais que ocorrem simultaneamente. Observar o contexto, o tom de voz e o histórico comportamental da pessoa é essencial para interpretar corretamente suas emoções. Um sorriso pode indicar felicidade, mas também pode ser uma tentativa de esconder tristeza. Um olhar distante pode sugerir desinteresse, mas também pode ser um sinal de reflexão profunda. Cada pessoa expressa suas emoções de maneira única, e a leitura corporal eficaz exige sensibilidade para perceber essas nuances.

 A relação entre emoções e corpo não é apenas um reflexo involuntário dos sentimentos, mas também uma ferramenta de comunicação poderosa. Saber reconhecer e interpretar essas manifestações permite interações mais empáticas e autênticas, fortalecendo os vínculos interpessoais. Além disso, essa conexão entre mente e corpo pode ser explorada de maneira consciente para influenciar estados emocionais internos e melhorar o bem-estar. Pequenos ajustes na postura, no tom de voz ou na respiração podem suavizar emoções negativas e intensificar as positivas, criando um impacto significativo na forma como nos sentimos e nos relacionamos com os outros.

    Ao longo da vida, aprendemos a modular nossas expressões e gestos para nos adaptarmos a diferentes situações sociais. No entanto, mesmo os sinais mais sutis podem revelar muito sobre nosso estado interno. O desafio está em desenvolver uma percepção aguçada para compreender não apenas os outros, mas também a nós mesmos. Ao nos tornarmos mais atentos aos sinais que nosso corpo transmite, adquirimos um maior controle sobre nossas reações emocionais e podemos responder às situações de maneira mais equilibrada. Esse domínio da comunicação não verbal nos ajuda a evitar mal-entendidos, a construir relações mais genuínas e a navegar com mais segurança pelos desafios do cotidiano.

    A consciência dessa interligação entre emoções e corpo é, portanto, uma ferramenta valiosa para aprimorar a comunicação e fortalecer conexões humanas. Quanto mais desenvolvemos nossa capacidade de interpretar e regular a linguagem corporal, mais nos tornamos capazes de influenciar positivamente nossas interações e emoções. Essa percepção refinada nos permite não apenas decifrar os sentimentos alheios, mas também ajustar nossa própria postura para criar ambientes de maior compreensão e harmonia.

# Capítulo 19
# Autocontrole Corporal

A comunicação não verbal não se limita apenas à observação dos outros. Assim como é possível interpretar gestos e expressões alheias, também é essencial aprender a controlar a própria linguagem corporal para transmitir a mensagem desejada. Muitas vezes, a postura, o tom de voz e os movimentos involuntários revelam emoções que gostaríamos de esconder, e sem o devido controle, podem prejudicar a maneira como somos percebidos. Desenvolver o autocontrole corporal permite projetar confiança, melhorar a presença em situações sociais e profissionais e evitar que emoções como nervosismo, insegurança ou irritação interfiram na comunicação.

A primeira etapa para aprimorar o autocontrole corporal é a consciência. Grande parte dos gestos e expressões que utilizamos diariamente são feitos de maneira automática, sem que percebamos seu impacto. Alguém que cruza os braços com frequência pode estar transmitindo uma mensagem de fechamento, mesmo sem intenção. Uma pessoa que evita contato visual ao falar pode parecer insegura, mesmo estando certa do que diz. O primeiro passo para controlar a própria linguagem corporal é observar a si mesmo com atenção, identificando padrões que possam estar projetando uma imagem indesejada.

Uma técnica eficaz para desenvolver essa consciência é o uso de espelhos ou gravações em vídeo. Ao observar como os gestos, posturas e expressões se manifestam em diferentes situações, torna-se mais fácil reconhecer o que precisa ser ajustado. Muitos profissionais da comunicação e da liderança utilizam essa estratégia para aperfeiçoar sua presença em público, treinando expressões faciais, gestos e postura até que transmitam exatamente a mensagem pretendida.

A postura é um dos elementos fundamentais do autocontrole corporal. Uma postura ereta, com os ombros alinhados e a cabeça erguida, transmite confiança e segurança. Já uma postura curvada, com os ombros caídos e o olhar voltado para baixo, pode sugerir desânimo ou insegurança. Ajustar a postura não apenas melhora a percepção dos outros, mas também influencia a forma como a própria pessoa se sente. Estudos demonstram que manter uma posição de poder por alguns minutos antes de uma situação desafiadora, como uma apresentação ou entrevista, pode reduzir os níveis de cortisol, hormônio do estresse, e aumentar a sensação de autoconfiança.

O controle da expressão facial é outro aspecto essencial. Expressões involuntárias podem revelar emoções que gostaríamos de manter privadas, como impaciência, frustração ou nervosismo. Manter o rosto relaxado, evitando tensão na testa ou nos lábios, ajuda a projetar uma imagem mais tranquila e controlada. O sorriso também é um aliado poderoso na comunicação:

um sorriso genuíno transmite acessibilidade e cria um ambiente positivo, mas um sorriso forçado pode ser facilmente detectado e pode gerar desconfiança.

O contato visual equilibrado é um dos fatores mais importantes na percepção da confiança. Desviar o olhar constantemente pode transmitir insegurança, enquanto encarar fixamente pode ser interpretado como intimidação. O ideal é manter o contato visual de forma natural, alternando momentos de olhar direto com pequenas pausas para não tornar a interação desconfortável. Praticar esse equilíbrio diante do espelho ou em interações do dia a dia pode ajudar a desenvolver um olhar mais seguro e natural.

Os gestos também precisam ser controlados para evitar que transmitam mensagens erradas. Movimentos excessivos das mãos podem demonstrar ansiedade ou impaciência, enquanto gestos muito contidos podem tornar a comunicação rígida e pouco envolvente. O ideal é utilizar gestos moderados, que reforcem a fala sem distrair o interlocutor. Em situações de alta pressão, como entrevistas de emprego ou discursos públicos, manter as mãos firmes e evitar movimentos repetitivos ajuda a projetar mais credibilidade.

A respiração desempenha um papel fundamental no controle da linguagem corporal. Quando uma pessoa está nervosa, sua respiração tende a se tornar curta e rápida, o que pode afetar o tom de voz e aumentar a sensação de ansiedade. Controlar a respiração, inspirando profundamente e expirando lentamente, ajuda a manter o corpo relaxado e a voz estável. Técnicas de respiração são amplamente utilizadas por palestrantes e atores para controlar o nervosismo antes de performances importantes.

Outro aspecto essencial do autocontrole corporal é a administração da tensão muscular. Quando alguém está sob estresse, os músculos do rosto, ombros e mãos costumam se contrair involuntariamente. Essa tensão pode ser percebida pelos outros e influenciar a forma como a pessoa é vista. Técnicas de relaxamento, como alongamento, meditação ou simplesmente prestar atenção na própria postura ao longo do dia, ajudam a reduzir essa tensão e a manter um corpo mais solto e natural.

A voz também faz parte da comunicação não verbal e pode ser ajustada para transmitir mais confiança. Falar de maneira acelerada pode demonstrar nervosismo, enquanto uma fala excessivamente pausada pode parecer artificial. O ideal é encontrar um ritmo equilibrado, permitindo pausas naturais e variando a entonação para manter o interesse do ouvinte. A respiração profunda e o controle do volume da voz são estratégias eficazes para garantir que a comunicação seja clara e envolvente.

Em situações de conflito ou pressão, manter o autocontrole corporal é essencial para evitar que emoções negativas tomem conta da interação. Muitas vezes, reações impulsivas, como gestos bruscos ou expressões de irritação, podem agravar um desentendimento. Controlar esses impulsos, respirando fundo e ajustando a postura antes de responder, permite que a comunicação ocorra de maneira mais racional e eficaz. Profissionais que lidam com negociações, atendimento ao público ou gestão de equipes sabem da importância de manter uma linguagem corporal neutra e controlada para evitar que as emoções interfiram na tomada de decisões.

O autocontrole corporal não significa reprimir emoções, mas sim aprender a gerenciá-las para que se expressem da melhor forma possível. Emoções genuínas são parte da comunicação humana e podem fortalecer uma interação quando expressas de maneira adequada. O segredo está em encontrar um equilíbrio entre autenticidade e controle, garantindo que a linguagem corporal esteja alinhada com a mensagem que se deseja transmitir.

Treinar o autocontrole corporal exige prática e paciência. Pequenas mudanças no dia a dia, como ajustar a postura ao caminhar, prestar atenção aos gestos ao falar e controlar a respiração em momentos de estresse, contribuem para o desenvolvimento dessa habilidade. Quanto mais consciência uma pessoa tiver sobre sua própria linguagem corporal, mais fácil será ajustá-la para diferentes contextos, seja em uma reunião de negócios, uma conversa informal ou uma apresentação pública.

A prática do autocontrole corporal não apenas melhora a forma como somos percebidos pelos outros, mas também fortalece nossa autoconfiança e bem-estar emocional. Pequenos ajustes na postura, no olhar e na entonação da voz criam uma presença mais segura e equilibrada, reflctindo um maior domínio sobre nossas próprias emoções. Esse controle consciente permite que a comunicação seja mais clara e impactante, independentemente do contexto. Afinal, transmitir segurança e serenidade, mesmo em situações desafiadoras, pode fazer toda a diferença no resultado de uma interação.

Além disso, o domínio da linguagem corporal nos ajuda a evitar que emoções momentâneas sabotem nossa mensagem. Expressões de impaciência ou gestos nervosos podem minar a credibilidade, enquanto uma postura firme e um olhar atento reforçam a confiança e a autoridade. Praticar esse equilíbrio é uma estratégia valiosa para quem deseja se destacar em ambientes profissionais, fortalecer relacionamentos interpessoais e transmitir suas ideias com maior eficácia. A percepção refinada do próprio corpo também contribui para uma maior inteligência emocional, facilitando o autocontrole diante de desafios e imprevistos.

O desenvolvimento do autocontrole corporal, portanto, vai além da simples modulação de gestos ou expressões; trata-se de uma ferramenta poderosa para aprimorar a comunicação e cultivar um comportamento mais consciente e estratégico. Ao alinhar a linguagem corporal com a intenção comunicativa, criamos interações mais autênticas e impactantes, fortalecendo nossa presença em qualquer ambiente. Quanto mais treinamos essa habilidade, mais natural e espontâneo se torna o domínio sobre nossas expressões, permitindo que nos apresentemos ao mundo de maneira confiante e coerente.

# Capítulo 20
# Expressar Confiança

A forma como uma pessoa se apresenta ao mundo influencia diretamente a maneira como os outros a percebem. A confiança, um dos traços mais valorizados em interações pessoais e profissionais, não é transmitida apenas por palavras, mas também pela postura, pelo tom de voz e pela linguagem corporal como um todo. Pessoas que expressam confiança sem precisar afirmar verbalmente sua segurança são frequentemente vistas como mais persuasivas, carismáticas e influentes. Desenvolver essa habilidade não apenas melhora a comunicação interpessoal, mas também pode impactar positivamente a forma como alguém é tratado em diversas situações.

O primeiro elemento que reflete autoconfiança é a postura. Uma postura ereta, com os ombros alinhados e o queixo levemente elevado, transmite segurança e controle sobre o ambiente. Ao contrário, um corpo encolhido, com os ombros curvados e a cabeça baixa, pode indicar hesitação ou falta de convicção. Pessoas confiantes ocupam o espaço de forma equilibrada, sem parecerem retraídas ou excessivamente expansivas. Ajustar a postura conscientemente não apenas melhora a percepção dos outros, mas também reforça internamente a sensação de autoconfiança.

O contato visual desempenha um papel crucial na maneira como a confiança é percebida. Manter um olhar firme, sem ser intimidador, demonstra credibilidade e assertividade. O desvio constante do olhar pode sugerir insegurança ou desconforto, enquanto um olhar fixo demais pode ser interpretado como agressivo. O ideal é estabelecer um contato visual equilibrado, acompanhando a conversa de maneira natural e atenta. Em situações formais, como entrevistas de emprego ou apresentações, a manutenção de um contato visual adequado cria uma conexão mais forte com os ouvintes, reforçando a mensagem transmitida.

Os gestos também são ferramentas poderosas para expressar confiança. Movimentos controlados, naturais e coerentes com a fala demonstram convicção e tornam a comunicação mais envolvente. Evitar gestos excessivos ou muito contidos é essencial para que a mensagem seja transmitida com clareza. Pessoas que falam com as mãos de forma fluida tendem a parecer mais envolventes e persuasivas, enquanto gestos descoordenados podem indicar nervosismo. Além disso, manter as palmas das mãos visíveis e voltadas para cima transmite honestidade e transparência, enquanto esconder as mãos nos bolsos ou cruzá-las pode ser interpretado como fechamento ou desconforto.

O tom de voz é outro fator determinante na percepção da confiança. Falar com clareza, em um ritmo moderado e com entonação firme, aumenta a credibilidade da mensagem. Um tom de voz trêmulo ou hesitante pode sugerir incerteza, enquanto uma voz muito alta pode parecer agressiva. A variação na entonação torna a fala mais interessante e demonstra controle sobre a comunicação. Pessoas confiantes utilizam pausas estratégicas para reforçar seus pontos, evitando falar rapidamente ou de forma atropelada.

A expressão facial também comunica confiança de maneira sutil, mas eficaz. Um rosto relaxado, com um leve sorriso e sobrancelhas em posição neutra, transmite acessibilidade e segurança. Expressões tensas ou excessivamente sérias podem gerar distanciamento, enquanto um sorriso genuíno pode tornar a interação mais agradável. A autenticidade é essencial: sorrisos forçados ou expressões exageradas podem ser facilmente percebidos e gerar desconfiança.

O domínio do próprio espaço físico reforça a percepção de segurança. Pessoas confiantes não demonstram pressa excessiva ao se mover, nem fazem gestos descoordenados. Movimentos precisos e controlados demonstram consciência corporal e autocontrole. Além disso, o posicionamento adequado no ambiente influencia a percepção dos outros. Sentar-se com firmeza, mantendo o tronco alinhado e os pés plantados no chão, reforça a imagem de estabilidade e segurança. Ficar em pé de maneira equilibrada, sem oscilar ou se apoiar excessivamente em um dos lados, demonstra controle e presença.

A velocidade e a fluidez da comunicação verbal também afetam a percepção da confiança. Responder rapidamente, sem hesitação excessiva, mostra preparo e domínio do assunto. No entanto, é importante evitar atropelar as palavras ou falar em um ritmo acelerado, pois isso pode indicar ansiedade. Pausas naturais entre frases e uma respiração controlada ajudam a transmitir uma imagem mais segura e serena.

Além de transmitir confiança aos outros, a linguagem corporal também influencia a própria mente. Estudos indicam que a adoção de posturas expansivas, conhecidas como "posições de poder", pode aumentar temporariamente a sensação de autoconfiança e reduzir os níveis de estresse. Essas posturas envolvem manter o corpo aberto, os braços afastados do tronco e a coluna ereta. Apenas alguns minutos em uma posição de poder podem impactar a forma como a pessoa se sente e se comporta em situações importantes.

A confiança expressa pela linguagem corporal deve ser sempre acompanhada por coerência entre palavras e ações. Quando há uma desconexão entre o que se diz e o que o corpo comunica, a credibilidade é afetada. Um discurso seguro, mas acompanhado por gestos nervosos e posturas retraídas, pode gerar dúvidas sobre a autenticidade da mensagem. Por isso, é essencial alinhar a comunicação verbal e não verbal para garantir uma apresentação coerente e impactante.

Desenvolver a capacidade de expressar confiança requer prática e observação contínua. Pequenos ajustes diários na postura, no tom de voz e nos gestos podem fazer uma grande diferença na forma como alguém é percebido. Praticar diante do espelho, gravar-se falando ou pedir feedback de amigos e colegas são estratégias úteis para aperfeiçoar a comunicação não verbal. Quanto mais consciente se torna o controle da própria linguagem corporal, mais natural e autêntica será a projeção de confiança.

Em ambientes profissionais, a forma como a confiança é demonstrada pode impactar diretamente o sucesso de um indivíduo. Líderes que se expressam com segurança inspiram respeito e motivam suas equipes. Profissionais que comunicam confiança em reuniões e apresentações são mais persuasivos e têm maior facilidade para conquistar credibilidade. Em negociações, a postura confiante pode influenciar o resultado, transmitindo firmeza e controle sobre a situação.

Nas interações sociais, a confiança demonstrada pela linguagem corporal afeta a forma como os outros respondem. Pessoas que se apresentam de maneira segura tendem a ser mais bem recebidas e a gerar uma impressão positiva nos primeiros minutos de uma conversa. A comunicação fluida e aberta facilita a construção de relacionamentos, tornando as interações mais naturais e agradáveis.

A percepção da confiança também é influenciada pela consistência. Uma pessoa que se comporta de maneira confiante apenas em algumas situações, mas demonstra insegurança em outras, pode gerar dúvidas sobre sua autenticidade. A prática contínua da comunicação não verbal fortalece a naturalidade na expressão da confiança, tornando-a um traço mais evidente e estável ao longo do tempo.

A confiança expressa pela linguagem corporal não se trata apenas de aparência, mas de um reflexo genuíno do estado interno de uma pessoa. Quando o corpo transmite segurança de forma autêntica, isso impacta positivamente tanto a percepção dos outros quanto a forma como o indivíduo se sente. Pequenos ajustes na postura, no tom de voz e nos gestos criam uma presença mais firme e convincente, tornando as interações mais fluidas e impactantes. Além disso, a prática constante do autocontrole corporal fortalece a coerência entre a mensagem verbal e não verbal, eliminando sinais involuntários de hesitação ou desconforto.

Ao longo do tempo, a capacidade de demonstrar confiança se torna mais natural e integrada ao comportamento cotidiano. Isso não significa eliminar completamente sinais de nervosismo ou insegurança, mas sim aprender a gerenciá-los para que não dominem a comunicação. A percepção atenta da própria linguagem corporal e a aplicação de técnicas de ajuste progressivo ajudam a construir uma presença mais assertiva e influente. Profissionais, líderes e qualquer pessoa que deseje se destacar em interações interpessoais podem se beneficiar dessa habilidade, pois a confiança transmitida pelo corpo é um fator decisivo na construção de credibilidade e respeito.

Expressar confiança, portanto, vai além de técnicas superficiais; trata-se de um equilíbrio entre autoconhecimento, prática e coerência. Quanto mais alinhada estiver a linguagem corporal com a verdadeira segurança interior, mais natural e persuasiva será a comunicação. Seja em um ambiente profissional, social ou até mesmo nos desafios do dia a dia, a maneira como nos apresentamos ao mundo molda a forma como somos percebidos. Desenvolver essa habilidade com autenticidade abre portas, fortalece relacionamentos e potencializa o impacto da presença pessoal em qualquer situação.

# Capítulo 21
## Influência Positiva

A linguagem corporal tem um impacto profundo na maneira como as pessoas se relacionam e interagem. Quando utilizada de forma consciente e positiva, torna-se uma ferramenta poderosa para fortalecer conexões, influenciar percepções e criar um ambiente de comunicação mais harmonioso. A influência positiva não se trata de manipulação ou persuasão forçada, mas sim do uso estratégico da comunicação não verbal para gerar confiança, encorajar o diálogo e construir relações saudáveis em diferentes contextos. Pequenos ajustes na postura, nos gestos e na expressão facial podem transformar a maneira como uma pessoa é percebida, tornando suas interações mais eficazes e envolventes.

O primeiro elemento essencial para exercer uma influência positiva é demonstrar abertura e receptividade. Manter uma postura relaxada, sem cruzar os braços ou inclinar o corpo para trás em excesso, transmite uma mensagem de acessibilidade. Quando alguém se posiciona de maneira receptiva, os outros tendem a responder de forma semelhante, criando um ciclo de comunicação mais natural e fluida. O corpo age como um espelho que reflete a disposição emocional: se uma pessoa adota uma postura fechada e defensiva, isso pode desencorajar a interação; se, por outro lado, apresenta uma linguagem corporal acolhedora, as chances de estabelecer uma conexão aumentam significativamente.

O contato visual desempenha um papel fundamental na influência positiva. Olhar diretamente para o interlocutor, sem exageros, demonstra interesse e respeito. Quando alguém mantém contato visual equilibrado durante uma conversa, a sensação de engajamento é reforçada, tornando a comunicação mais envolvente. No entanto, é importante evitar olhares fixos e intensos, que podem ser interpretados como intimidação. A naturalidade no olhar transmite segurança e favorece uma interação mais confortável e sincera.

Os gestos também são elementos essenciais na criação de uma influência positiva. Movimentos suaves e naturais, que acompanham a fala de maneira fluida, tornam a comunicação mais dinâmica e acessível. O uso controlado das mãos para enfatizar pontos importantes demonstra entusiasmo e clareza na mensagem. Por outro lado, gestos bruscos ou excessivos podem transmitir impaciência ou ansiedade, prejudicando a harmonia da interação. A moderação é a chave para que os gestos contribuam para a fluidez da comunicação, sem se tornarem uma distração.

A expressão facial complementa os gestos e reforça a influência positiva. Um sorriso genuíno cria um clima de simpatia e conexão, facilitando a aproximação entre as pessoas. Quando a expressão facial está alinhada com o tom da conversa, a comunicação se torna mais autêntica. Expressões neutras ou excessivamente sérias podem dificultar a interação, enquanto expressões calorosas e amigáveis tornam o ambiente mais acolhedor. Pequenos ajustes, como levantar ligeiramente as sobrancelhas ao ouvir algo interessante ou acenar com a cabeça em sinal de concordância, podem fazer uma grande diferença na forma como a mensagem é recebida.

A influência positiva também pode ser exercida por meio da sincronia na comunicação. Quando duas pessoas estão em sintonia, seus movimentos e posturas tendem a se alinhar naturalmente. Esse fenômeno, conhecido como espelhamento, ocorre de forma espontânea quando há empatia e conexão genuína. No entanto, o espelhamento também pode ser aplicado de maneira consciente para fortalecer vínculos. Ajustar levemente a postura para acompanhar a do interlocutor ou adaptar o ritmo da fala ao dele pode gerar uma sensação de familiaridade e sintonia, tornando a interação mais envolvente. O segredo está na sutileza: um espelhamento exagerado pode parecer forçado e artificial, enquanto uma adaptação natural reforça a conexão de maneira autêntica.

O tom de voz é outro fator determinante na forma como a influência positiva é percebida. Falar com um tom equilibrado, sem pressa ou hesitação excessiva, transmite confiança e credibilidade. A variação na entonação evita que a fala soe monótona e mantém o interesse do interlocutor. A maneira como as palavras são pronunciadas influencia diretamente a recepção da mensagem. Um tom acolhedor e calmo pode aliviar tensões em uma conversa difícil, enquanto uma entonação firme pode reforçar um posicionamento de liderança e segurança.

A ocupação do espaço também contribui para a influência positiva. Pessoas que demonstram conforto em seu próprio espaço físico projetam uma imagem de segurança e controle. Sentar-se ou permanecer em pé de forma equilibrada, sem demonstrar agitação ou hesitação, reforça a presença pessoal. Movimentos controlados e posturas estáveis ajudam a transmitir uma sensação de autoridade natural, sem necessidade de imposição.

A influência positiva se manifesta de maneira especialmente poderosa em ambientes profissionais. Líderes que utilizam a linguagem corporal de forma eficaz conseguem inspirar suas equipes, criar um ambiente de trabalho mais produtivo e construir relações de confiança. Um líder que mantém contato visual com sua equipe, adota uma postura aberta e utiliza gestos envolventes tem maior facilidade em motivar e engajar seus colaboradores. A comunicação clara e assertiva, acompanhada por uma linguagem corporal alinhada, fortalece a credibilidade e a liderança.

Em negociações, a influência positiva pode determinar o sucesso de um acordo. Manter uma postura relaxada e segura, evitar cruzar os braços ou demonstrar impaciência e utilizar pausas estratégicas na fala são estratégias eficazes para criar um ambiente de confiança. Um negociador que transmite segurança e receptividade tem maior chance de obter um resultado favorável, pois sua linguagem corporal reforça sua credibilidade. O equilíbrio entre firmeza e acessibilidade torna a negociação mais eficiente e produtiva.

No contexto social, a influência positiva pode ser aplicada para fortalecer laços e melhorar a qualidade das interações. Demonstrar interesse genuíno pelos outros por meio da linguagem corporal cria um ambiente de conexão e proximidade. Pequenos gestos, como inclinar-se levemente para frente ao ouvir uma história ou manter um sorriso espontâneo durante a conversa, tornam a interação mais envolvente e significativa. As pessoas tendem a se sentir mais valorizadas quando percebem que o outro está verdadeiramente presente na comunicação.

A prática da influência positiva requer autoconhecimento e consciência corporal. Observar a própria linguagem corporal em diferentes situações ajuda a identificar padrões que podem ser ajustados para aprimorar a comunicação. Pequenas mudanças na postura, na expressão facial e no tom de voz podem gerar grandes impactos na maneira como as interações são conduzidas. A percepção das reações dos outros também fornece indícios sobre a eficácia da influência exercida, permitindo ajustes sutis para melhorar a conexão interpessoal.

A influência positiva não se baseia apenas na linguagem corporal isolada, mas na coerência entre palavras, gestos e intenções. Quando há harmonia entre a comunicação verbal e não verbal, a mensagem se torna mais clara e convincente. Pessoas que demonstram autenticidade e confiança por meio de sua presença física são naturalmente mais persuasivas e carismáticas.

A consistência na expressão da linguagem corporal reforça a credibilidade e fortalece a percepção de confiança e respeito.

O desenvolvimento da influência positiva por meio da linguagem corporal não se limita a ajustes momentâneos ou estratégias pontuais, mas se constrói de maneira contínua, à medida que a pessoa se torna mais consciente de sua comunicação e do impacto que ela gera. A prática consistente desses princípios leva a uma presença mais marcante e autêntica, tornando as interações mais fluidas e naturais. Além disso, a observação atenta do comportamento alheio permite um ajuste mais refinado das próprias atitudes, garantindo que a comunicação seja sempre receptiva e adequada ao contexto, sem parecer forçada ou artificial.

Quando a influência positiva se torna parte da identidade de alguém, seu efeito se estende para além das palavras e gestos, moldando a forma como essa pessoa é percebida e como ela influencia o ambiente ao seu redor. Líderes carismáticos, negociadores eficazes e indivíduos socialmente envolventes compartilham essa capacidade de alinhar sua presença física com suas intenções e valores, criando uma comunicação mais impactante. O domínio da linguagem corporal favorece não apenas relações interpessoais mais harmoniosas, mas também o crescimento pessoal e profissional, permitindo que cada interação se transforme em uma oportunidade de conexão e construção de confiança.

A influência positiva não é um conjunto de técnicas isoladas, mas uma expressão da autenticidade e do respeito nas interações humanas. Quando palavras, gestos e intenções se encontram em sintonia, a comunicação se torna poderosa e genuína, fortalecendo laços e ampliando possibilidades. A linguagem corporal, quando utilizada com consciência e propósito, não apenas transmite mensagens, mas reforça valores, inspira confiança e deixa uma marca duradoura em cada troca de olhares, aperto de mão ou sorriso compartilhado.

# Capítulo 22
## Sinais de Mentira

A mentira, por mais refinada que seja, deixa rastros. O corpo, mesmo treinado, possui dificuldades em ocultar os reflexos naturais que surgem diante da dissimulação. Não há um único sinal infalível que indique com certeza que alguém está mentindo, mas sim um conjunto de microexpressões, gestos involuntários e mudanças de comportamento que, quando observados com atenção, podem revelar incongruências entre o que é dito e o que se manifesta fisicamente. O segredo está na leitura contextual: o corpo entrega o que a mente tenta esconder.

Em primeiro lugar, é fundamental compreender que a mentira gera um conflito interno. O cérebro precisa coordenar a história fictícia enquanto mantém a aparência de naturalidade. Essa sobrecarga cognitiva pode se manifestar de diversas maneiras no corpo, desde pequenas alterações no tom de voz até sutis mudanças na postura. O problema para o mentiroso é que sua mente está concentrada em manter a coerência verbal, deixando escapar sinais não verbais que denunciam o desconforto.

Os olhos são frequentemente apontados como os traidores da mentira. Um dos mitos mais difundidos é o de que uma pessoa mentindo evitará contato visual. Embora isso possa ocorrer, não é uma regra universal. Alguns indivíduos treinados em dissimulação fazem exatamente o oposto: sustentam o olhar de forma exagerada, tentando compensar a impressão de que poderiam estar escondendo algo. O mais revelador, na verdade, são as mudanças súbitas na frequência do contato visual. Alguém que normalmente mantém um olhar fluido pode, ao mentir, desviar os olhos por um breve instante em momentos específicos da fala. Pequenos movimentos laterais dos olhos, geralmente rápidos e involuntários, também podem indicar hesitação ou busca interna por coerência na história contada.

A face, esse palco de emoções espontâneas, costuma exibir microexpressões incompatíveis com o discurso do mentiroso. Um sorriso de nervosismo pode aparecer e desaparecer em milissegundos, um franzir de testa pode surgir antes que a voz termine uma frase supostamente tranquila. Essas microexpressões, estudadas por especialistas como Paul Ekman, são respostas emocionais genuínas que escapam antes do indivíduo conseguir suprimí-las. Uma pessoa que afirma estar confiante, mas deixa transparecer um lampejo de preocupação, pode estar escondendo algo.

Além das expressões faciais, o corpo inteiro pode denunciar inconsistências. As mãos são particularmente reveladoras. Quando alguém está confortável e falando a verdade, gesticula de maneira fluida e natural, acompanhando o ritmo da fala. Já um mentiroso pode apresentar gestos mecânicos, truncados ou mesmo uma ausência repentina de gesticulação. Algumas pessoas escondem as mãos nos bolsos ou as mantêm rígidas sobre uma superfície, como se temessem que um movimento descontrolado pudesse entregá-las. Outras podem exibir comportamentos compensatórios, tocando o rosto com mais frequência – especialmente o nariz, a boca ou o pescoço.

O nariz, aliás, merece atenção especial. Estudos sugerem que o ato de mentir pode causar um leve aumento na circulação sanguínea na região, levando algumas pessoas a esfregar o nariz involuntariamente. Isso não significa que todo toque no nariz indica mentira, mas, dentro de um contexto suspeito, pode ser um detalhe relevante.

Outro indicador valioso é a incongruência entre fala e comportamento corporal. Se alguém afirma estar seguro de algo, mas seu corpo transmite sinais de tensão – ombros elevados, braços cruzados ou um leve recuo ao falar – há um desalinhamento que merece ser notado. O mesmo acontece com afirmações enfáticas seguidas por gestos de dúvida, como encolher ligeiramente os ombros.

A respiração também pode mudar sutilmente durante uma mentira. Pequenos ajustes na cadência respiratória, inspirando de maneira mais curta ou alterando a profundidade das exalações, são sinais de que o corpo está reagindo ao estresse de manter a farsa. Em mentiras mais elaboradas, onde a pessoa precisa lembrar e articular detalhes falsos, pode-se notar um aumento da tensão na voz. O tom pode subir levemente ou perder a fluidez habitual, surgindo pausas desnecessárias que indicam que a mente está sobrecarregada organizando a narrativa.

Os pés, muitas vezes ignorados em análises superficiais, podem ser uma das partes mais sinceras do corpo. Quando alguém mente, pode inconscientemente apontar os pés na direção oposta ao interlocutor, um reflexo primitivo de desejo de fuga. Esse detalhe pode ser especialmente revelador quando contrastado com o restante da postura: um corpo aparentemente tranquilo, mas com pés inquietos, pode estar demonstrando um desejo interno de se afastar daquela conversa.

A observação cuidadosa desses sinais, no entanto, exige paciência e discernimento. Nenhum comportamento isolado deve ser interpretado como prova definitiva de mentira. Em vez disso, é necessário analisar um conjunto de fatores e compará-los ao comportamento habitual da pessoa. Por isso, a importância de conhecer sua linha de base (como discutido no Capítulo 12). Uma pessoa naturalmente ansiosa pode apresentar sinais semelhantes a alguém que mente, mas seu comportamento seguirá um padrão recorrente, ao passo que um mentiroso demonstrará variações específicas apenas no momento da mentira.

Além dos sinais físicos, a estrutura da fala também pode fornecer indícios importantes. Respostas excessivamente elaboradas, cheias de detalhes desnecessários, podem ser um esforço para tornar a história mais convincente. Por outro lado, respostas excessivamente curtas e evasivas podem indicar que a pessoa está evitando se aprofundar em sua própria mentira.

Outra estratégia útil é a aplicação de perguntas inesperadas. Quando pressionado a detalhar uma história inventada, o mentiroso pode hesitar ou fornecer informações inconsistentes. A tensão aumenta quando precisa repetir a mesma história, pois manter a coerência exige esforço mental.

A detecção de mentiras, portanto, não se baseia em um único sinal inequívoco, mas na análise do conjunto de comportamentos e padrões. A chave está na observação cuidadosa e na comparação entre a linguagem corporal habitual da pessoa e as mudanças sutis que surgem em contextos específicos. Além disso, é fundamental considerar o ambiente e as circunstâncias da conversa, pois fatores externos, como nervosismo natural ou desconforto situacional, podem influenciar as reações físicas sem necessariamente indicarem uma tentativa de engano. A atenção ao contexto permite uma leitura mais precisa e evita interpretações precipitadas.

Outro aspecto relevante na identificação de sinais de mentira é a interação entre os indícios verbais e não verbais. Quando há coerência entre o que é dito e a forma como o corpo se comporta, a comunicação tende a ser mais autêntica. No entanto, quando surgem contradições, como um tom de voz seguro acompanhado de gestos hesitantes ou um sorriso forçado seguido por um olhar desviado, há um indício de que algo não está alinhado. Essa discrepância pode ser sutil, mas para um observador atento, torna-se uma pista valiosa. O ideal não é apenas identificar esses sinais, mas compreender seu significado dentro do contexto da conversa e do perfil do interlocutor.

Embora a mentira possa ser sofisticada e bem elaborada, o corpo sempre encontra maneiras de expressar a verdade. Pequenos gestos, variações na fala e mudanças na postura são fragmentos de um quebra-cabeça que, quando analisados com paciência e experiência, revelam informações que as palavras tentam ocultar. No entanto, mais importante do que desmascarar mentiras é desenvolver uma percepção aguçada das interações humanas, tornando a comunicação mais transparente e significativa. Afinal, compreender os sinais do corpo não é apenas uma ferramenta de detecção, mas um caminho para conexões mais autênticas e empáticas.

# Capítulo 23
# Microexpressões Faciais

O rosto humano é um palco onde emoções surgem e desaparecem em frações de segundo, muitas vezes sem que sequer percebamos. As microexpressões faciais são breves manifestações involuntárias que revelam sentimentos verdadeiros antes que o cérebro tenha tempo de controlá-los. Diferente das expressões faciais comuns, que podem ser ensaiadas ou modificadas conscientemente, as microexpressões são quase impossíveis de suprimir. Elas emergem instantaneamente como reflexos emocionais, traindo a máscara social que tentamos manter.

Ao longo da história, diversas culturas tentaram interpretar as emoções humanas por meio do rosto. No entanto, foi apenas no século XX que estudos científicos trouxeram evidências concretas sobre a universalidade das expressões faciais. O psicólogo Paul Ekman foi um dos pioneiros nesse campo, demonstrando que as microexpressões são comuns a todas as pessoas, independentemente da cultura ou nacionalidade. Isso significa que sentimentos como raiva, medo, nojo, alegria, surpresa e tristeza se manifestam de maneira semelhante no rosto humano, independentemente do idioma falado ou do contexto social.

A importância das microexpressões na leitura corporal reside no fato de que elas surgem espontaneamente, escapando ao controle consciente. Quando alguém tenta esconder um sentimento, como desconforto ou desprezo, pode até controlar sua linguagem verbal e gestos corporais, mas dificilmente evitará a breve contração de um músculo facial que denuncia a verdade. Essas expressões passageiras duram menos de meio segundo e, para a maioria das pessoas, passam despercebidas. No entanto, para aqueles que treinam a observação, tornam-se um valioso instrumento para compreender o que realmente se passa na mente do interlocutor.

A microexpressão de surpresa, por exemplo, é caracterizada por olhos arregalados, sobrancelhas erguidas e boca ligeiramente aberta. Essa reação surge automaticamente quando alguém é pego de surpresa. No entanto, se uma pessoa finge surpresa ao receber uma notícia, sua expressão pode se manifestar de maneira tardia ou prolongada demais, revelando que a reação não foi genuína. Da mesma forma, a microexpressão de nojo, com o levantamento do lábio superior e enrugamento do nariz, pode aparecer por um instante quando alguém ouve algo que lhe desagrada, mesmo que tente disfarçar.

A raiva, uma emoção intensa e frequentemente reprimida, também pode se manifestar em microexpressões sutis. O franzimento repentino da testa, a contração do maxilar e o estreitamento dos olhos podem surgir antes que a pessoa consiga suavizar sua expressão. Quando confrontada com uma situação irritante, alguém pode sorrir diplomaticamente, mas um observador atento pode notar o breve lampejo de hostilidade antes do sorriso se formar completamente.

O medo, por sua vez, se revela no tensionamento dos músculos ao redor dos olhos e na abertura súbita da boca. Mesmo quando alguém tenta manter a calma em uma situação de risco ou desconforto, a microexpressão de medo pode escapar por um instante, denunciando sua verdadeira apreensão. Esse tipo de observação pode ser útil em diversas situações, desde negociações até interrogatórios, onde a detecção da emoção real pode fornecer informações valiosas sobre o estado mental da pessoa observada.

A alegria autêntica, diferentemente de sorrisos sociais ou forçados, envolve não apenas a boca, mas também os olhos. Os chamados "pés de galinha" ao redor dos olhos e a elevação das bochechas indicam que o sorriso é genuíno. Já um sorriso artificial se limita à boca, sem qualquer envolvimento da musculatura ocular, podendo indicar um gesto educado ou mesmo uma tentativa de dissimulação.

A tristeza, talvez uma das emoções mais difíceis de esconder, se manifesta com a queda dos cantos da boca, o abaixamento das sobrancelhas e a leve inclinação da cabeça para baixo. Pessoas tentando parecer fortes podem mascarar sua tristeza com expressões neutras ou até forçadas, mas um microencolher de ombros ou um olhar que se desvanece rapidamente para baixo pode denunciar sua verdadeira fragilidade emocional.

Treinar a percepção dessas microexpressões exige paciência e prática. Como são extremamente rápidas, muitas vezes só podem ser percebidas se o observador estiver atento a pequenas mudanças no rosto do interlocutor. Profissionais como investigadores, negociadores e psicólogos frequentemente se especializam nessa habilidade, pois a capacidade de identificar emoções não verbalizadas pode ser decisiva em suas áreas de atuação.

No entanto, a interpretação das microexpressões deve sempre ser contextualizada. Uma expressão momentânea de medo ou raiva pode não estar relacionada diretamente à conversa, mas a pensamentos internos da pessoa. A leitura correta exige uma combinação de observação e análise, levando em conta não apenas o que é visto, mas também o comportamento geral do indivíduo e o ambiente da interação.

Além disso, é importante ressaltar que a detecção de microexpressões não deve ser usada de maneira precipitada para tirar conclusões definitivas. Elas são pistas valiosas, mas não provas absolutas. A habilidade de perceber esses sinais deve vir acompanhada de sensibilidade e ética, evitando julgamentos apressados ou acusações infundadas.

A compreensão das microexpressões faciais não apenas aprimora a leitura das emoções alheias, mas também possibilita um olhar mais atento para as próprias reações involuntárias. Ao nos tornarmos mais conscientes de nossas expressões e do que elas revelam, desenvolvemos maior controle sobre a forma como nos apresentamos ao mundo, seja em interações pessoais, profissionais ou até mesmo em momentos de tensão e tomada de decisão. Esse conhecimento permite ajustar a comunicação de maneira mais autêntica e eficaz, tornando as trocas interpessoais mais transparentes e significativas.

Além do aspecto técnico, a habilidade de identificar microexpressões fortalece a empatia. Ao perceber sinais sutis de emoções reprimidas ou não verbalizadas, podemos nos conectar melhor com as pessoas ao nosso redor, demonstrando compreensão e acolhimento mesmo quando as palavras não são suficientes. Em contextos de negociação, liderança ou aconselhamento, essa percepção pode ser um diferencial poderoso, ajudando a construir confiança e a adaptar abordagens conforme as reações emocionais do interlocutor. Saber quando insistir em um argumento ou quando recuar pode ser a chave para uma comunicação mais estratégica e persuasiva.

A leitura das microexpressões não se trata apenas de detectar mentiras ou analisar emoções alheias, mas de aprimorar a forma como nos relacionamos e compreendemos os outros. Ao desenvolver essa habilidade com sensibilidade e discernimento, ampliamos nossa capacidade de conexão humana, tornando as interações mais autênticas e profundas. Afinal, mesmo as emoções mais efêmeras deixam rastros, e saber interpretá-los nos permite enxergar além das palavras, acessando a verdade oculta nos pequenos gestos que o rosto insiste em revelar.

# Capítulo 24
## Dissimulação e Ocultação

A mentira não se manifesta apenas por palavras diretas e afirmativas. Muitas vezes, a verdadeira estratégia da dissimulação não está na invenção de fatos, mas na forma como certas informações são ocultadas, distorcidas ou deixadas em segundo plano. A ocultação é uma arte sutil, onde a verdade pode estar presente, mas diluída entre omissões e ambiguidades. Quem busca enganar raramente inventa histórias completamente falsas — isso exige criatividade e um grande esforço para manter a coerência. Em vez disso, mentirosos habilidosos preferem trabalhar com meias-verdades, utilizando brechas e lacunas no discurso para criar uma percepção errada sem, necessariamente, dizer algo que possa ser facilmente desmentido.

A dissimulação ocorre em todos os níveis da comunicação humana. Em uma conversa casual, pode ser tão simples quanto evitar responder diretamente a uma pergunta. Em contextos mais elaborados, como política ou investigações, pode envolver o uso estratégico de linguagem corporal para desviar a atenção ou induzir uma falsa impressão. Uma das principais características de alguém que oculta a verdade é a relutância em fornecer detalhes precisos. Enquanto pessoas honestas costumam descrever eventos com fluidez e espontaneidade, alguém que tem algo a esconder pode hesitar, evitar detalhes específicos ou até repetir frases vagas para não se comprometer.

O corpo, entretanto, frequentemente expõe aquilo que a mente tenta esconder. Quando alguém está mentindo por omissão, pode demonstrar sinais sutis de desconforto. Pequenos ajustes na postura, como cruzar os braços de maneira repentina ou inclinar o corpo levemente para trás, podem indicar um desejo inconsciente de se proteger da conversa. O contato visual também pode sofrer alterações: em vez de desviar completamente o olhar, o dissimulador pode manter um olhar fixo e exageradamente atento, tentando convencer pela insistência.

As mãos costumam desempenhar um papel crucial nesse jogo de ocultação. Em situações de nervosismo, a tendência natural é gesticular de maneira menos fluida. Muitas pessoas escondem as mãos nos bolsos, cruzam os dedos ou até seguram objetos para evitar que seus gestos traiam sua inquietação. Outra pista reveladora pode estar nos movimentos sutis das mãos em direção ao rosto, como coçar o nariz, tocar a boca ou alisar o cabelo repetidamente — ações inconscientes associadas ao desejo de bloquear ou suavizar a verdade.

O tom de voz também pode fornecer pistas valiosas. Em geral, a ocultação gera tensão interna, o que pode levar a pequenas variações no timbre da voz. Respostas podem ser dadas de maneira mais pausada, como se a pessoa estivesse pesando suas palavras antes de falar. Uma mudança súbita na velocidade da fala ou na entonação pode indicar uma tentativa de mascarar incertezas ou ajustar a narrativa em tempo real. O silêncio estratégico também é uma ferramenta frequentemente utilizada. Em vez de responder prontamente, o dissimulador pode pausar antes de falar, esperando que o interlocutor mude de assunto ou aceite uma resposta incompleta.

Outro aspecto fundamental na detecção da ocultação é a análise da coerência entre palavras e expressões corporais. Se alguém diz que está confortável, mas mantém os ombros tensos e a mandíbula travada, há um descompasso entre discurso e linguagem corporal. Pequenos encolhimentos de ombros ou sorrisos forçados podem ser sinais de que a pessoa não está sendo totalmente transparente. Essa incoerência é especialmente evidente em situações de estresse, onde o controle sobre a comunicação não verbal se torna mais difícil.

O sorriso social é um dos exemplos mais clássicos de dissimulação. Diferente do sorriso genuíno, que envolve não apenas a boca, mas também os olhos e músculos faciais, o sorriso forçado tende a ser superficial, limitado à região da boca. Ele pode ser usado como uma máscara para esconder emoções reais, como desconforto ou desagrado. Ao observar alguém que sorri enquanto verbaliza algo negativo ou delicado, é possível perceber uma tentativa de suavizar a mensagem ou minimizar seu impacto emocional.

A dissimulação também pode se manifestar através da escolha cuidadosa das palavras. Pessoas que tentam esconder algo muitas vezes usam frases excessivamente genéricas ou distantes, evitando referências diretas ao assunto principal. O uso de eufemismos, como substituir palavras fortes por termos mais suaves, também pode ser uma indicação de que há algo sendo omitido. Em alguns casos, o dissimulador pode recorrer a discursos elaborados, cheios de informações irrelevantes, para desviar a atenção do que realmente importa.

No contexto de interrogatórios e investigações, técnicas específicas são usadas para expor a ocultação. Uma delas envolve a repetição de perguntas em diferentes momentos da conversa. Se uma pessoa está mentindo por omissão, pode acabar fornecendo versões ligeiramente diferentes de sua história, pois precisa se lembrar do que não disse anteriormente. Outra estratégia eficaz é fazer perguntas inesperadas, forçando o indivíduo a sair do roteiro mental previamente ensaiado. A maneira como a pessoa reage a essas perguntas pode revelar seu nível de desconforto e inconsistência.

A ocultação, no entanto, não é sempre intencional. Muitas vezes, as pessoas omitem informações por insegurança, medo ou vergonha. Em relacionamentos pessoais, alguém pode esconder seus verdadeiros sentimentos para evitar conflitos ou parecer vulnerável. No ambiente profissional, um funcionário pode omitir dificuldades em um projeto para não ser visto como incompetente. Nesses casos, os sinais de dissimulação podem estar mais relacionados a emoções reprimidas do que a uma tentativa consciente de enganar.

A interpretação desses sinais exige sensibilidade e cautela. Nem todo gesto de inquietação indica ocultação de informações; uma pessoa ansiosa pode exibir os mesmos sinais de nervosismo sem estar escondendo nada. Por isso, é essencial considerar o contexto da conversa e o comportamento habitual da pessoa. Comparar as reações dela em diferentes situações pode ajudar a identificar padrões e variações significativas.

A distinção entre dissimulação intencional e ocultação involuntária é fundamental para interpretar corretamente os sinais de comunicação. Enquanto alguns ocultam informações para manipular ou induzir ao erro, outros o fazem por medo de julgamento ou para evitar confrontos. Compreender essa diferença pode evitar equívocos e julgamentos precipitados. O verdadeiro desafio não está apenas em detectar sinais de dissimulação, mas em entender as motivações por trás deles. Isso exige um olhar atento e empático, que vá além da superfície e considere os fatores emocionais e contextuais que influenciam a comunicação.

A leitura da dissimulação não deve ser usada como um mecanismo de acusação, mas como uma ferramenta para compreender melhor as intenções e emoções do interlocutor. Em muitas situações, a ocultação pode ser superada com abordagens que estimulem a confiança e reduzam a necessidade de esconder informações. Criar um ambiente seguro para a conversa pode revelar verdades que, de outra forma, permaneceriam encobertas. Em investigações e negociações, por exemplo, a paciência e a escuta ativa podem levar uma pessoa a se abrir gradualmente, revelando aquilo que inicialmente tentou omitir.

A dissimulação é parte inerente da comunicação humana, utilizada tanto para proteção quanto para manipulação. Saber identificá-la não significa apenas reconhecer mentiras, mas compreender melhor as nuances da interação social. Ao desenvolver essa percepção, é possível estabelecer conexões mais autênticas, evitando mal-entendidos e fortalecendo relações baseadas na transparência. Afinal, a verdade pode ser encoberta por palavras e gestos, mas sempre deixa vestígios para aqueles que sabem onde procurar.

# Capítulo 25
## Detecção de Mentiras

A habilidade de detectar mentiras é uma arte refinada que exige atenção, paciência e, acima de tudo, um olhar treinado para os detalhes. Ao contrário do que muitos imaginam, não existe um único sinal definitivo que revele uma mentira. Não há um gesto isolado, uma mudança específica na voz ou um padrão infalível que denuncie a dissimulação. A verdadeira detecção da mentira está na observação de um conjunto de sinais que, quando analisados em contexto, apontam para incongruências entre o que é dito e o que o corpo expressa.

Os especialistas em comportamento humano entendem que mentir é uma atividade cognitivamente exigente. O cérebro precisa construir uma narrativa coerente, garantir que os detalhes estejam alinhados e, ao mesmo tempo, controlar os sinais não verbais que podem trair a farsa. Esse esforço mental adicional frequentemente resulta em pequenos lapsos, pausas inesperadas e microexpressões que escapam antes que a pessoa consiga suprimi-las. São esses indícios, sutis mas reveladores, que servem como pistas para aqueles que sabem onde procurar.

A observação da linha de base é o primeiro passo fundamental para detectar mentiras. Cada indivíduo tem um padrão natural de comportamento, e qualquer desvio desse padrão pode ser um sinal de que algo está fora do comum. Alguém que normalmente gesticula muito ao falar, mas subitamente se torna contido e rígido durante um depoimento, pode estar tentando controlar seus movimentos para evitar revelar nervosismo. Da mesma forma, uma pessoa que costuma manter contato visual fluido, mas começa a desviar o olhar em momentos estratégicos da conversa, pode estar processando informações falsas em tempo real.

Entre os sinais mais comuns de dissimulação estão as microexpressões involuntárias. Quando alguém mente, pode exibir por um instante emoções contraditórias ao seu discurso. Um lampejo de medo antes de afirmar inocência, um leve franzir de testa ao tentar parecer calmo ou um sorriso que se desfaz mais rápido do que o normal são pequenos indícios de que há um conflito interno entre a verdade e o que está sendo verbalizado. Essas expressões duram menos de um segundo, tornando-se difíceis de identificar sem treino, mas são uma das pistas mais confiáveis para perceber uma mentira.

Outro aspecto importante na detecção da mentira é a análise da coerência entre o discurso e a linguagem corporal. Se uma pessoa diz estar tranquila, mas mantém os punhos cerrados e os ombros elevados, há uma clara desconexão entre o que está sendo dito e o que o corpo expressa. Movimentos de recuo, como inclinar-se para trás ou cruzar os braços após uma pergunta difícil, podem indicar um desejo inconsciente de se distanciar do assunto. Pequenos gestos de autoconforto, como esfregar as mãos, tocar o rosto repetidamente ou mexer no cabelo, também podem ser sinais de tensão emocional resultante da necessidade de sustentar uma mentira.

O uso das mãos durante a fala é um indicador especialmente revelador. Pessoas que contam a verdade costumam gesticular de maneira natural, alinhando seus movimentos ao ritmo da fala. Já os mentirosos podem apresentar gestos contidos ou descoordenados, pois a mente está focada em controlar a narrativa, deixando os movimentos mais mecânicos. Em alguns casos, a falta de gesticulação pode ser uma tentativa de evitar que sinais de nervosismo sejam percebidos. Em outros, há um excesso de gestos enfatizando a própria credibilidade, como bater no peito ao afirmar algo ou levantar repetidamente as mãos em um sinal de suposta franqueza.

A voz também sofre alterações quando alguém mente. Mudanças sutis no tom, na velocidade da fala ou no volume podem indicar estresse ou tentativa de manipulação. Algumas pessoas aceleram o ritmo das palavras para passar rapidamente por uma informação desconfortável, enquanto outras fazem pausas longas demais, como se estivessem escolhendo cada palavra com extremo cuidado. Gaguejar ou corrigir frases no meio da fala pode ser um reflexo do esforço mental necessário para sustentar a mentira e evitar contradições.

Os pés, frequentemente ignorados em análises superficiais, podem ser um dos traidores mais confiáveis da mentira. Movimentos inquietos, mudanças súbitas de posição ou o ato de apontar os pés na direção de uma saída são sinais de que a pessoa deseja encerrar a conversa ou fugir da situação. Esse desejo de evasão é um reflexo inconsciente de desconforto e pode ser especialmente útil para detectar quando alguém está se sentindo ameaçado pela própria mentira.

A escolha das palavras também pode oferecer pistas valiosas. Mentirosos tendem a evitar declarações diretas e podem recorrer a frases vagas, como "eu acho que foi assim" ou "até onde eu me lembro". Além disso, podem exagerar no uso de expressões de reforço, como "para ser sincero" ou "eu juro por tudo", na tentativa de convencer o interlocutor de sua credibilidade. Outra estratégia comum é a repetição de perguntas antes de respondê-las, um recurso usado para ganhar tempo e formular uma resposta convincente.

O método mais eficaz para detectar mentiras combina a observação de múltiplos sinais simultaneamente. Um único gesto de nervosismo pode ser irrelevante, mas se ele estiver acompanhado de pausas longas, mudanças no tom de voz e um olhar evasivo, o conjunto desses elementos aumenta a probabilidade de que algo esteja sendo ocultado. Profissionais que lidam com interrogatórios, como policiais e investigadores, utilizam técnicas específicas para provocar reações espontâneas, como perguntas inesperadas ou reformulação sutil da mesma questão para observar discrepâncias na resposta.

Entretanto, mesmo os melhores observadores podem cometer erros ao interpretar sinais de mentira. O estresse, a timidez e a ansiedade podem gerar comportamentos semelhantes aos de alguém que está escondendo algo, tornando essencial considerar o contexto antes de tirar conclusões. Acusar alguém com base apenas em linguagem corporal pode ser perigoso e injusto, pois cada pessoa reage de forma diferente ao desconforto.

A detecção da mentira não se trata apenas de encontrar quem está enganando, mas de entender melhor a dinâmica da comunicação humana. Muitas vezes, as pessoas mentem não para enganar deliberadamente, mas para se proteger, evitar conflitos ou suavizar situações delicadas. Compreender os mecanismos da dissimulação permite não apenas identificar mentiras, mas também desenvolver uma abordagem mais empática e estratégica na forma como lidamos com os outros.

A habilidade de detectar mentiras, portanto, vai além de simplesmente apontar inconsistências ou identificar sinais de nervosismo. Trata-se de uma leitura cuidadosa do contexto, do histórico comportamental do interlocutor e da congruência entre discurso e expressão corporal. Mais do que uma ferramenta para confrontar ou desmascarar alguém, essa percepção pode ser usada para melhorar a comunicação, promovendo interações mais transparentes e construtivas. Afinal, nem toda omissão ou hesitação significa má intenção; às vezes, refletem apenas insegurança ou medo de julgamento.

O verdadeiro valor da detecção da mentira está na sua aplicação estratégica. Líderes, negociadores, psicólogos e investigadores podem se beneficiar dessa habilidade para interpretar melhor as emoções e intenções das pessoas com quem interagem. Ao perceber sinais de desconforto ou inconsistências, é possível reformular abordagens, fazer perguntas mais assertivas ou criar um ambiente onde a verdade possa emergir naturalmente. Mais do que buscar a exposição da mentira, o objetivo deve ser compreender por que alguém sente a necessidade de dissimular e como isso afeta a dinâmica da comunicação.

No final, a arte de detectar mentiras é, acima de tudo, a arte de entender pessoas. Saber quando confiar, quando questionar e quando aprofundar uma conversa são habilidades que podem fortalecer relações e evitar mal-entendidos. A verdade, muitas vezes, está nas entrelinhas, e aqueles que sabem observar os detalhes podem acessar um nível mais profundo de percepção humana. Em um mundo onde as palavras nem sempre refletem a realidade, a capacidade de enxergar além do que é dito se torna um diferencial poderoso.

# Capítulo 26
# Interpretação Cautelosa

A leitura da linguagem corporal, quando aplicada sem a devida cautela, pode levar a conclusões precipitadas e até mesmo a julgamentos errôneos. A ideia de que é possível determinar com absoluta certeza se alguém está mentindo ou ocultando informações apenas observando seu comportamento é um equívoco. Embora o corpo frequentemente revele emoções e intenções que as palavras tentam esconder, é essencial compreender que muitos dos sinais interpretados como indicadores de engano também podem ser resultado de outros fatores, como estresse, ansiedade ou traços individuais de personalidade.

A interpretação da linguagem corporal deve sempre considerar o contexto. Uma pessoa que desvia o olhar durante uma conversa pode estar mentindo, mas também pode simplesmente ser tímida ou introvertida. O cruzamento de braços pode indicar uma atitude defensiva, mas também pode ser apenas uma posição confortável para a pessoa naquele momento. Expressões faciais de tensão não são exclusivas de quem está escondendo algo; podem refletir preocupação com um problema pessoal que não tem qualquer relação com o assunto da conversa. O erro mais comum ao analisar a comunicação não verbal é a generalização excessiva, onde se assume que um único gesto ou expressão tem sempre o mesmo significado em todas as situações.

Para evitar interpretações equivocadas, é essencial observar a linha de base comportamental do indivíduo antes de tirar qualquer conclusão. Cada pessoa tem um padrão próprio de expressões, gestos e posturas que se manifestam naturalmente quando está relaxada e em um ambiente neutro. Qualquer mudança significativa em relação a esse padrão pode indicar uma alteração emocional, mas o motivo exato dessa mudança precisa ser analisado com cuidado. Um observador treinado nunca faz suposições com base em um único sinal; em vez disso, busca padrões de comportamento e inconsistências ao longo de toda a interação.

Outro fator que pode levar a erros de interpretação é a influência cultural. Em diferentes partes do mundo, expressões faciais, gestos e até mesmo o contato visual podem ter significados distintos. Em algumas culturas, evitar o olhar direto é sinal de respeito, enquanto em outras pode ser interpretado como desonestidade. Da mesma forma, o toque físico entre interlocutores pode ser um sinal de proximidade em certos contextos, mas ser visto como invasivo ou inadequado em outros. Ignorar essas diferenças pode levar a equívocos, especialmente em interações multiculturais onde as normas sociais podem ser bastante distintas.

A emoção desempenha um papel fundamental na forma como a linguagem corporal se manifesta. O medo, por exemplo, pode ser confundido com culpa, especialmente em situações de alta pressão, como interrogatórios ou entrevistas. Alguém pode demonstrar sinais clássicos de estresse — respiração acelerada, mãos suadas, olhar inquieto — simplesmente porque está nervoso com a situação, e não porque está escondendo algo. Pessoas ansiosas podem exibir sinais que, em outro contexto, poderiam ser interpretados como tentativas de dissimulação. Isso mostra que a interpretação da linguagem corporal não pode ser feita de maneira isolada; ela deve ser complementada por uma análise cuidadosa do contexto emocional e situacional.

Além do contexto externo, é importante considerar fatores internos que podem influenciar a linguagem corporal de uma pessoa. Fadiga, por exemplo, pode fazer com que alguém pareça desinteressado ou distante, quando na verdade está apenas cansado. Doenças físicas também podem afetar a postura e os gestos, criando uma falsa impressão de desconforto ou insegurança. Até mesmo o nível de familiaridade entre os interlocutores pode alterar a forma como a comunicação não verbal se manifesta. Uma pessoa pode parecer mais reservada e formal ao falar com um desconhecido, mas ser extremamente expressiva e espontânea entre amigos.

Os mitos populares sobre a leitura corporal também contribuem para interpretações equivocadas. Um dos equívocos mais comuns é a crença de que quem mente sempre desvia o olhar. Estudos demonstram que isso não é verdade; muitas pessoas que estão mentindo conseguem manter o contato visual de forma convincente. Da mesma forma, o mito de que cruzar os braços sempre indica fechamento emocional ignora o fato de que essa postura pode ser apenas uma posição confortável ou um reflexo do ambiente ao redor (por exemplo, uma sala fria pode levar alguém a cruzar os braços para se aquecer).

A leitura da linguagem corporal deve ser baseada em evidências e não em estereótipos. Os melhores observadores são aqueles que sabem fazer perguntas estratégicas e analisar respostas em conjunto com os sinais não verbais. Em situações onde há suspeita de ocultação de informações, o ideal não é confiar cegamente em um único gesto ou expressão, mas sim conduzir a conversa de forma a observar padrões de comportamento ao longo do tempo. Se uma pessoa apresenta sinais de nervosismo ao responder a uma pergunta específica, um método eficaz pode ser reformular a questão mais adiante e observar se a reação se repete.

O tempo também é um fator crucial na análise da linguagem corporal. Reações espontâneas tendem a ser mais autênticas do que respostas elaboradas. Um pequeno atraso na resposta ou um momento de hesitação antes de responder pode ser um sinal de que a pessoa está processando a informação ou construindo uma narrativa. No entanto, pausas também podem ocorrer por motivos legítimos, como a necessidade de lembrar um detalhe ou encontrar as palavras certas para expressar um pensamento. A diferença entre um simples momento de reflexão e um sinal de dissimulação está na repetição do comportamento ao longo da interação.

A confiança excessiva na linguagem corporal como único método de detecção de mentiras pode levar a erros graves. Nenhum gesto ou expressão, por si só, é prova definitiva de engano. Mesmo profissionais experientes cometem erros se não considerarem o contexto mais amplo. A leitura correta da comunicação não verbal deve ser vista como uma ferramenta complementar e não como um veredicto absoluto.

A abordagem mais eficaz para interpretar a linguagem corporal com precisão é adotar uma postura de ceticismo saudável. Isso significa não tirar conclusões precipitadas e sempre buscar mais informações antes de formar um julgamento. Perguntas abertas, observação contínua e a capacidade de ajustar a interpretação conforme novas informações surgem são habilidades essenciais para qualquer pessoa que deseja desenvolver um olhar mais apurado para os sinais do corpo.

Compreender que a linguagem corporal não é uma ciência exata, mas sim um conjunto de pistas que devem ser analisadas em conjunto, permite uma aplicação mais responsável desse conhecimento. A leitura corporal, quando feita com discernimento, pode ajudar a melhorar a comunicação interpessoal, fortalecer relacionamentos e até mesmo evitar conflitos. No entanto, quando utilizada de maneira superficial ou dogmática, pode se tornar uma fonte de mal-entendidos e julgamentos injustos.

A verdadeira maestria na interpretação da linguagem corporal não reside apenas na capacidade de identificar gestos ou expressões, mas na sensibilidade em reconhecer suas nuances e variações. Ao observar uma reação não verbal, o observador atento não se limita a catalogá-la como um indício isolado de um estado emocional específico; ele a insere em um panorama mais amplo, levando em conta aspectos como a história pessoal do indivíduo, a situação em que se encontra e até mesmo fatores ambientais momentâneos. Essa abordagem permite que a análise vá além das suposições superficiais, reduzindo a margem de erro e tornando a comunicação mais empática e eficaz.

Além disso, considerar a interação entre diferentes sinais e a forma como eles evoluem ao longo da conversa pode revelar padrões significativos. O comportamento humano não é estático, e mesmo reações inconscientes podem ser moduladas pelo desenrolar da interação. Uma resposta inicialmente evasiva pode se tornar mais aberta com o tempo, da mesma forma que um gesto aparentemente tranquilizador pode esconder, na verdade, um esforço para mascarar um desconforto. A habilidade de perceber essas transições e interpretar a comunicação não verbal como um fenômeno dinâmico é um diferencial para aqueles que desejam aplicar esse conhecimento de maneira responsável e precisa.

Ao reconhecer que a linguagem corporal não é um código fixo, mas um reflexo multifacetado da complexidade humana, abre-se espaço para um entendimento mais profundo e menos tendencioso das interações. Evitar julgamentos precipitados e abraçar uma análise cuidadosa, contextual e flexível não apenas aprimora a leitura dos sinais não verbais, mas também promove relações mais autênticas e equilibradas. Dessa forma, o verdadeiro objetivo da observação da linguagem corporal não é apenas identificar possíveis incongruências, mas compreender melhor as pessoas em sua totalidade, respeitando suas singularidades e as circunstâncias que moldam sua comunicação.

# Capítulo 27
## Prática Diária

A leitura da linguagem corporal não é apenas uma habilidade teórica, mas uma competência que se desenvolve com a observação contínua e a prática constante. Assim como qualquer outro conhecimento, apenas a exposição repetida a diferentes contextos e pessoas permite que o observador refine sua percepção e aumente sua precisão na interpretação dos sinais não verbais. O aprendizado verdadeiro não ocorre apenas ao absorver informações, mas ao colocá-las em uso, testando hipóteses e comparando as reações observadas com os significados já conhecidos.

A prática diária da leitura corporal começa com a atenção plena ao ambiente e às interações cotidianas. Pequenas mudanças na postura, gestos, expressões faciais e no tom de voz das pessoas ao redor oferecem um campo vasto de estudo, mesmo nas situações mais triviais. Observar amigos, colegas de trabalho, familiares ou até mesmo desconhecidos em locais públicos pode ser um exercício valioso para identificar padrões de comportamento. Quanto mais o observador treina sua percepção, mais fácil se torna reconhecer quando algo foge do esperado e pode indicar emoções ocultas ou intenções disfarçadas.

Uma das formas mais eficazes de aprimorar a leitura corporal é escolher um aspecto específico para focar em cada interação. Em uma conversa, por exemplo, pode-se prestar atenção apenas nas expressões faciais do interlocutor, sem se preocupar inicialmente com os gestos ou a postura. Em outro momento, pode-se focar exclusivamente nos movimentos das mãos ou na cadência da voz. Esse método segmentado permite que o cérebro se acostume a registrar e interpretar informações não verbais sem sobrecarga, tornando a prática mais natural com o tempo.

O uso da mídia como ferramenta de treinamento também pode ser um grande aliado. Assistir a programas de entrevistas, debates ou até mesmo filmes sem som e tentar interpretar as emoções e intenções dos personagens apenas pela linguagem corporal é um exercício que aguça a percepção. Especialmente em entrevistas televisivas, onde os participantes estão sob pressão e precisam manter uma imagem pública, muitas vezes surgem microexpressões e pequenos gestos que contradizem suas falas. Comparar as expressões dos entrevistados com suas respostas verbais pode ser uma excelente forma de testar a própria capacidade de detectar incongruências.

Outra prática útil é observar a si mesmo. Muitas vezes, estamos tão focados em interpretar os outros que esquecemos que também transmitimos sinais não verbais o tempo todo. O uso de espelhos ou gravações pode ajudar a identificar padrões próprios de postura, gestos e expressões faciais. Compreender como o próprio corpo reage a diferentes emoções e situações facilita a identificação desses mesmos sinais em outras pessoas. Além disso, a consciência da própria linguagem corporal permite ajustes estratégicos para melhorar a comunicação e a presença em interações importantes.

Os locais públicos oferecem oportunidades inestimáveis para treinar a observação sem interferência. Em cafés, transportes públicos ou praças, é possível notar a dinâmica corporal das pessoas sem precisar interagir diretamente com elas. A maneira como alguém se senta, a forma como segura um telefone ou até a postura ao caminhar podem revelar muito sobre seu estado emocional. Alguém sentado com os ombros curvados e a cabeça baixa pode estar desanimado ou cansado, enquanto outro que gesticula amplamente e sorri pode estar animado ou envolvido em uma conversa estimulante.

A leitura corporal em interações sociais também pode ser aprimorada com o uso de perguntas estratégicas. Testar a reação de um interlocutor ao mudar de assunto ou fazer uma pergunta inesperada pode revelar sinais sutis de interesse, desconforto ou até mesmo de mentira. Observar como alguém responde fisicamente a certos tópicos permite ajustar a abordagem para obter melhores respostas e tornar a comunicação mais eficaz.

Além disso, a repetição de interações com as mesmas pessoas ao longo do tempo ajuda a criar um banco de dados pessoal sobre suas linhas de base. Se um colega de trabalho normalmente é expressivo e falante, mas em determinado dia está mais fechado e evita contato visual, isso pode indicar uma alteração em seu estado emocional. Essas variações podem fornecer insights valiosos sobre o humor e as preocupações dos outros, permitindo respostas mais empáticas e ajustadas à situação.

A paciência é um elemento essencial na prática diária da leitura corporal. Nem sempre os sinais são óbvios, e a pressa em tirar conclusões pode levar a erros. Algumas mudanças de comportamento podem ser causadas por fatores momentâneos, como cansaço ou distração, e não necessariamente indicam algo mais profundo. O bom observador aprende a distinguir padrões consistentes de variações temporárias, evitando interpretações apressadas e superficiais.

A experimentação controlada também pode ser uma ferramenta poderosa para refinar a leitura corporal. Modificar intencionalmente a própria postura, expressão ou tom de voz em interações e observar as reações das pessoas ao redor pode ajudar a entender como diferentes sinais não verbais afetam a comunicação. Por exemplo, adotar uma postura mais aberta e relaxada em uma conversa pode tornar o interlocutor mais receptivo, enquanto um tom de voz mais baixo e pausado pode transmitir mais autoridade ou seriedade.

Outro exercício valioso é o registro de observações em um diário de leitura corporal. Anotar comportamentos notáveis observados ao longo do dia, juntamente com o contexto e as possíveis interpretações, pode ajudar a consolidar o aprendizado. Revisar essas anotações periodicamente permite identificar padrões e verificar se as hipóteses iniciais estavam corretas. Com o tempo, essa prática aprimora a capacidade de reconhecimento rápido de sinais e reduz a margem de erro nas interpretações.

No ambiente profissional, a leitura corporal pode ser integrada ao dia a dia para melhorar negociações, entrevistas e reuniões. Observar as reações de colegas ou clientes durante uma proposta pode fornecer pistas sobre sua receptividade antes mesmo de verbalizarem uma opinião. Pequenos sinais de hesitação, como tocar o rosto ou evitar responder diretamente, podem indicar dúvidas ou preocupações que ainda não foram expressas. Saber identificar esses momentos e ajustar a abordagem pode ser uma vantagem competitiva importante.

Em relacionamentos pessoais, a prática contínua da leitura corporal pode fortalecer conexões e evitar mal-entendidos. Notar quando um amigo ou parceiro está desconfortável, mesmo sem dizer nada, permite abordar questões de forma mais sensível e empática. Da mesma forma, compreender os próprios sinais não verbais e como eles afetam os outros pode tornar a comunicação mais clara e eficaz.

A verdadeira maestria na leitura corporal não vem de um único método ou técnica, mas da integração de diversas práticas ao longo do tempo. Quanto mais se observa, testa e analisa, mais refinada se torna a capacidade de decifrar o que o corpo comunica além das palavras. O aprendizado não tem um fim definitivo; sempre há novas nuances a serem descobertas e novas situações que desafiam a percepção.

O aprimoramento contínuo da leitura corporal exige não apenas prática, mas também uma mentalidade aberta e flexível. À medida que o observador se familiariza com diferentes expressões e gestos, ele percebe que a comunicação não verbal é um campo vasto, onde cada indivíduo traz variações únicas baseadas em sua personalidade, cultura e experiências. Dessa forma, em vez de buscar respostas absolutas, o verdadeiro especialista aprende a fazer perguntas melhores, refinando sua percepção com base na experiência acumulada. A leitura corporal, então, torna-se menos uma busca por fórmulas e mais um exercício constante de adaptação e sensibilidade.

Com o tempo, a prática consistente transforma a leitura corporal em um recurso natural e intuitivo. O observador não precisa mais analisar conscientemente cada detalhe, pois seu cérebro começa a reconhecer padrões e incongruências de maneira automática. Isso permite que a comunicação se torne mais fluida e estratégica, seja na vida pessoal ou profissional. A capacidade de perceber pequenos sinais de desconforto ou interesse antes que sejam verbalizados proporciona uma vantagem significativa, tanto na construção de relações interpessoais quanto na tomada de decisões mais informadas.

No entanto, a verdadeira maestria não se mede apenas pela precisão na interpretação dos sinais, mas também pela responsabilidade em seu uso. O conhecimento da linguagem corporal deve servir para fortalecer a comunicação, promover empatia e facilitar interações mais autênticas, e não como uma ferramenta para manipulação ou julgamentos precipitados. A prática diária, portanto, não é apenas uma questão de observação, mas de aprimoramento da inteligência emocional e do respeito pelo outro, tornando cada interação uma oportunidade de aprendizado e conexão genuína.

# Capítulo 28
## Vida Profissional

A linguagem corporal é uma ferramenta poderosa no ambiente profissional, capaz de influenciar percepções, construir autoridade e facilitar negociações. A forma como uma pessoa se apresenta, se move e interage pode determinar sua credibilidade e eficiência na comunicação. Embora muitos profissionais foquem exclusivamente no conteúdo verbal de suas mensagens, aqueles que dominam a comunicação não verbal conseguem transmitir confiança, empatia e liderança sem precisar de muitas palavras. No mundo corporativo, onde primeiras impressões e dinâmicas interpessoais são cruciais, a leitura e o controle da linguagem corporal tornam-se habilidades indispensáveis.

O primeiro aspecto a considerar no contexto profissional é a postura. Uma postura alinhada, com ombros retos e cabeça erguida, comunica autoridade e confiança, enquanto uma postura curvada ou retraída pode transmitir insegurança ou desinteresse. A maneira como alguém ocupa o espaço também influencia a percepção dos outros. Indivíduos que utilizam gestos expansivos e se posicionam de forma aberta tendem a ser vistos como mais dominantes e autoconfiantes, enquanto aqueles que mantêm braços e pernas cruzados podem parecer fechados ou defensivos.

    O aperto de mão continua sendo um dos momentos mais simbólicos da comunicação profissional. Um aperto de mão firme, mas não excessivamente forte, demonstra segurança e cordialidade. Já um aperto de mão frouxo pode passar uma impressão de fragilidade ou falta de comprometimento. A duração do contato também importa: apertos de mão muito rápidos podem parecer apressados e desinteressados, enquanto contatos excessivamente prolongados podem causar desconforto. Observar a reação do interlocutor ajuda a calibrar a intensidade e a adequação do gesto.

    O contato visual é outro fator essencial. Em reuniões e apresentações, manter o olhar firme e engajado indica atenção e respeito. No entanto, há um equilíbrio a ser mantido. Olhares excessivamente fixos podem ser interpretados como intimidação, enquanto evitar o contato visual pode sugerir falta de confiança ou transparência. O ideal é um contato visual intermitente, alternando entre o olhar direto e pequenas pausas para não gerar desconforto.

    Os gestos desempenham um papel crucial na comunicação de ideias. Profissionais que utilizam as mãos de maneira controlada e expressiva durante a fala costumam ser percebidos como mais dinâmicos e persuasivos. No entanto, gesticular excessivamente ou de forma descoordenada pode causar distração e diminuir a credibilidade. Gestos que reforçam as palavras, como movimentos sutis que acompanham o ritmo da fala, aumentam a clareza da comunicação. Já gestos que não possuem relação com o discurso podem parecer aleatórios e enfraquecer a mensagem transmitida.

A expressão facial também tem grande impacto nas interações profissionais. Um semblante neutro pode ser interpretado como falta de entusiasmo, enquanto um sorriso genuíno gera conexão e empatia. Expressões tensas, como sobrancelhas franzidas ou lábios contraídos, podem transmitir preocupação ou impaciência, mesmo que a pessoa não verbalize esses sentimentos. Manter uma expressão aberta e receptiva cria um ambiente mais positivo e colaborativo.

O uso adequado do espaço físico também influencia a percepção no ambiente de trabalho. Pessoas que ocupam seu espaço de maneira confortável, sem se encolher ou se espalhar em excesso, transmitem equilíbrio e confiança. Em reuniões, inclinar-se levemente para frente ao ouvir um colega sugere interesse, enquanto recuar abruptamente pode indicar desengajamento ou discordância. A maneira como alguém se posiciona na mesa ou na sala pode sinalizar sua disposição para colaborar ou liderar.

O tom de voz, embora parte da comunicação verbal, carrega elementos não verbais essenciais. A velocidade, o volume e a entonação da fala afetam a maneira como a mensagem é recebida. Falar de forma clara e pausada transmite segurança, enquanto um tom hesitante ou muito baixo pode indicar insegurança. Variações na entonação tornam a fala mais envolvente, enquanto um tom monótono pode desinteressar a audiência. Em negociações e apresentações, controlar o ritmo e a modulação da voz pode aumentar significativamente o impacto das palavras.

A capacidade de ler a linguagem corporal dos colegas e superiores é uma vantagem estratégica no ambiente corporativo. Observar sinais sutis de concordância ou hesitação permite ajustar abordagens e argumentos em tempo real. Se um cliente cruza os braços ou inclina o corpo para trás durante uma proposta, pode estar demonstrando resistência ou dúvida. Identificar esses sinais precocemente permite redirecionar a conversa, esclarecer pontos ou reforçar argumentos antes que uma objeção se torne definitiva.

A dinâmica da linguagem corporal também se manifesta na hierarquia corporativa. Líderes eficazes utilizam posturas assertivas e gestos controlados para estabelecer presença e inspirar confiança. Um líder que se mantém aberto e acessível, fazendo contato visual e demonstrando escuta ativa, promove um ambiente de trabalho colaborativo. Por outro lado, um líder que evita o olhar, mantém posturas fechadas ou se posiciona de forma distante pode criar barreiras na comunicação com sua equipe.

O espelhamento sutil é uma técnica eficaz para criar rapport em interações profissionais. Ajustar discretamente a postura, os gestos e o tom de voz para refletir os do interlocutor pode gerar uma sensação inconsciente de conexão e entendimento. Essa estratégia é especialmente útil em negociações, onde estabelecer um clima de sintonia pode facilitar acordos. No entanto, o espelhamento deve ser feito de maneira natural e espontânea, pois imitações exageradas podem parecer artificiais ou manipulativas.

A percepção da linguagem corporal também ajuda a evitar conflitos no ambiente de trabalho. Muitas discussões surgem não pelo conteúdo verbal das conversas, mas pela maneira como são conduzidas. Expressões faciais de desdém, gestos impacientes ou posturas que indicam desinteresse podem gerar ressentimento e mal-entendidos. Ser consciente dos próprios sinais não verbais e ajustá-los para manter um tom neutro ou conciliador pode evitar escaladas desnecessárias de tensão.

No contexto de entrevistas de emprego, a linguagem corporal desempenha um papel determinante na impressão que o candidato causa. Além das respostas verbais, os recrutadores avaliam sinais como postura, contato visual e gestos. Um candidato que mantém uma postura confiante, olha nos olhos do entrevistador e responde com gestos controlados transmite credibilidade e profissionalismo. Por outro lado, inquietação excessiva, evitar o contato visual ou manter os braços cruzados pode passar a impressão de nervosismo ou falta de preparo.

A leitura corporal também é útil para avaliar a receptividade de uma plateia durante apresentações ou reuniões. Se os ouvintes demonstram sinais de envolvimento, como inclinar-se para frente, fazer pequenas afirmações com a cabeça ou manter contato visual atento, significa que a mensagem está sendo bem recebida. Já sinais como desvio constante do olhar, braços cruzados ou inquietação sugerem desinteresse ou resistência. Reconhecer esses sinais permite ajustar a abordagem, seja tornando a apresentação mais dinâmica ou abordando diretamente eventuais dúvidas e preocupações do público.

A aplicação da linguagem corporal no ambiente profissional não se resume à forma como se transmite autoridade e confiança, mas também à capacidade de adaptação e leitura das situações. Um profissional atento não apenas projeta uma imagem forte e coerente, mas também percebe nuances nos comportamentos alheios, ajustando suas estratégias de comunicação conforme necessário. Essa sensibilidade permite identificar oportunidades de engajamento, antecipar desafios e construir relações mais sólidas e produtivas. O verdadeiro diferencial está na habilidade de equilibrar assertividade com empatia, garantindo que sua presença seja percebida como influente, mas também acessível.

Além disso, a leitura precisa da comunicação não verbal pode transformar a maneira como decisões são tomadas e como conflitos são resolvidos. Uma negociação bem-sucedida, por exemplo, não depende apenas de argumentos racionais, mas da capacidade de perceber sutilezas no comportamento do outro lado. Pequenos sinais de hesitação ou desconforto podem indicar resistência oculta, permitindo ajustes estratégicos antes que uma negativa definitiva ocorra. Da mesma forma, um líder que entende a linguagem corporal de sua equipe consegue reconhecer sinais de desmotivação ou estresse antes que se tornem problemas evidentes, possibilitando intervenções mais eficazes.

Dominar a linguagem corporal no ambiente profissional é um processo contínuo de aprendizado e refinamento. Cada interação traz novas oportunidades para testar, observar e aperfeiçoar essa habilidade, tornando a comunicação mais autêntica e estratégica. Mais do que um diferencial competitivo, compreender e utilizar a linguagem corporal com inteligência e ética contribui para um ambiente de trabalho mais harmonioso e colaborativo, onde a clareza, o respeito e a empatia se tornam pilares essenciais para o crescimento individual e coletivo.

# Capítulo 29
# Vida Social

A linguagem corporal é uma força invisível que molda a forma como nos conectamos com os outros. No ambiente social, onde as palavras muitas vezes são insuficientes para expressar completamente o que sentimos, os gestos, expressões e posturas desempenham um papel determinante na qualidade das interações. Diferente do ambiente profissional, onde a comunicação não verbal é utilizada estrategicamente para construir credibilidade e influência, na vida social ela opera de maneira mais instintiva, regulando conexões emocionais e fortalecendo laços interpessoais. Entender esses sinais, tanto os emitidos quanto os recebidos, permite interações mais autênticas, ajuda a evitar mal-entendidos e cria uma sintonia mais profunda entre as pessoas.

A maneira como nos apresentamos visualmente e corporalmente influencia imediatamente a percepção dos outros. Uma postura aberta e relaxada transmite acessibilidade e interesse, enquanto uma postura fechada, como braços cruzados ou ombros curvados, pode sugerir desinteresse ou desconforto. No contexto de interações sociais, pequenos ajustes na postura podem fazer uma grande diferença na forma como somos recebidos. Inclinar-se levemente para frente enquanto conversa demonstra envolvimento, enquanto manter uma distância excessiva pode criar barreiras invisíveis entre os interlocutores. O espaço pessoal varia conforme o contexto e a cultura, mas a leitura atenta das reações do outro permite ajustes naturais para que a interação ocorra de forma harmoniosa.

O contato visual é um dos fatores mais poderosos na construção da confiança e na criação de laços interpessoais. Em conversas casuais, manter um olhar equilibrado demonstra interesse e respeito. No entanto, é necessário encontrar um meio-termo entre o olhar excessivo, que pode ser interpretado como intimidador, e o contato visual escasso, que pode passar uma impressão de insegurança ou desinteresse. O olhar intermitente, combinando momentos de contato direto com breves desvios, mantém a fluidez da comunicação e evita desconfortos. Além disso, observar a dilatação das pupilas do interlocutor pode fornecer pistas sutis sobre seu nível de envolvimento emocional.

As expressões faciais refletem emoções com um nível de sinceridade que as palavras nem sempre alcançam. Um sorriso genuíno, por exemplo, ilumina não apenas a boca, mas também os olhos, criando o chamado sorriso de Duchenne, associado a sentimentos autênticos de alegria e conexão. Já sorrisos forçados ou que não envolvem a musculatura ocular podem ser interpretados como sinais de desconforto ou mera formalidade. Durante uma conversa, mudanças sutis nas expressões podem indicar momentos de empatia, surpresa ou hesitação, e perceber essas nuances permite ajustar o tom da interação.

Os gestos com as mãos também desempenham um papel importante na comunicação social. Movimentos naturais e espontâneos reforçam a autenticidade do que está sendo dito, enquanto gestos excessivamente calculados podem parecer ensaiados ou artificiais. Padrões gestuais variam de pessoa para pessoa, e aprender a identificar o estilo de gesticulação do interlocutor ajuda a interpretar melhor suas emoções e intenções. Mãos abertas e voltadas para cima costumam indicar transparência e receptividade, enquanto mãos fechadas ou ocultas podem sugerir reserva ou desconforto.

A sincronia corporal, ou espelhamento, ocorre de forma inconsciente quando há sintonia entre duas pessoas. Quando estamos em harmonia com alguém, tendemos a imitar sutilmente sua postura, ritmo da fala e gestos, criando um reflexo inconsciente da interação. Essa técnica pode ser usada de forma consciente para estabelecer rapport e fortalecer vínculos sociais. Pequenas imitações, como adotar uma postura semelhante ou ajustar o tom de voz ao do interlocutor, criam uma sensação de familiaridade e empatia. No entanto, o espelhamento precisa ocorrer de maneira natural e espontânea, pois imitações muito evidentes podem parecer forçadas e até causar estranheza.

A linguagem corporal também ajuda a detectar desinteresse ou desconforto em interações sociais. Quando alguém começa a desviar o corpo para longe do interlocutor, evita contato visual prolongado ou apresenta gestos de impaciência, como olhar repetidamente para o celular ou movimentar os pés inquietamente, há um indicativo de que a conversa pode não estar sendo envolvente. Esses sinais sutis permitem ajustar a abordagem, mudando de assunto ou encerrando a interação de maneira cortês antes que ela se torne desgastante.

Os toques físicos são outro aspecto fundamental da comunicação social, mas seu significado depende fortemente do contexto e da relação entre os interlocutores. Toques leves no braço ou nas costas podem reforçar a conexão em uma conversa amigável, enquanto toques excessivos ou inesperados podem ser percebidos como invasivos. A leitura da linguagem corporal do outro, especialmente a reação imediata ao toque, ajuda a calibrar esse tipo de interação para que seja apropriada e bem recebida.

A maneira como nos movimentamos em um ambiente social também comunica mensagens sutis. Caminhar de maneira confiante e com uma postura ereta sugere segurança e abertura para interações, enquanto passos hesitantes ou movimentos retraídos podem indicar desconforto ou insegurança. Em eventos sociais, a forma como uma pessoa se desloca e interage com diferentes grupos revela muito sobre sua disposição para se envolver ativamente na dinâmica do ambiente.

As mudanças na linguagem corporal ao longo de uma interação podem indicar alterações no estado emocional de uma pessoa. Se alguém começa uma conversa de maneira animada, mas ao longo do tempo se torna mais contido e evita gesticular, isso pode sinalizar uma mudança de humor ou um nível crescente de desconforto. Estar atento a esses sinais permite reagir de maneira apropriada, seja dando espaço ao interlocutor ou ajustando o tom da conversa para torná-la mais envolvente.

As diferenças individuais também desempenham um papel na leitura da linguagem corporal em interações sociais. Algumas pessoas naturalmente utilizam mais gestos e expressões faciais, enquanto outras tendem a ser mais contidas. Conhecer o estilo comunicativo de cada indivíduo ajuda a interpretar seus sinais corretamente e a evitar conclusões precipitadas. O que pode parecer frieza ou desinteresse em uma pessoa pode ser apenas um traço de personalidade mais reservada.

A leitura da linguagem corporal também pode ser aplicada em contextos de relacionamentos amorosos, onde os sinais não verbais frequentemente expressam mais do que as palavras. O nível de proximidade física, o contato visual prolongado e gestos sutis, como inclinar-se em direção ao outro ou tocar levemente o rosto ou o cabelo, podem indicar interesse e atração. Por outro lado, sinais como afastamento corporal, falta de contato visual e posturas fechadas podem sugerir desinteresse ou desconforto.

O autoconhecimento é um aspecto essencial da comunicação social eficaz. Estar consciente da própria linguagem corporal permite ajustá-la para transmitir as mensagens desejadas e evitar sinais que possam ser mal interpretados. Pequenos ajustes, como manter uma postura mais aberta, sorrir de maneira autêntica e demonstrar interesse genuíno pelo interlocutor, fazem uma grande diferença na forma como somos percebidos pelos outros.

A riqueza da linguagem corporal na vida social não está apenas na sua capacidade de transmitir mensagens, mas também na forma como fortalece as conexões humanas. Pequenos gestos, como um sorriso genuíno ou um leve inclinar de cabeça durante uma conversa, podem transformar interações casuais em momentos significativos. Quando nos tornamos mais atentos a esses sinais, não apenas interpretamos melhor as intenções alheias, mas também ajustamos nossa própria comunicação para criar um ambiente mais acolhedor e harmonioso. A autenticidade, portanto, é a chave para que a linguagem corporal seja uma aliada na construção de relações mais profundas e satisfatórias.

Além da percepção do outro, a consciência sobre a própria comunicação não verbal possibilita interações mais equilibradas e intencionais. Ao perceber como nosso corpo reflete emoções e pensamentos, podemos evitar transmitir mensagens erradas e reforçar a clareza das nossas intenções. Isso se torna especialmente relevante em momentos de conflito ou desconforto, onde posturas defensivas ou expressões de impaciência podem intensificar mal-entendidos. Ajustar a linguagem corporal para expressar receptividade e empatia ajuda a desarmar tensões e facilita um diálogo mais produtivo.

Compreender a linguagem corporal na vida social não significa apenas decifrar gestos e expressões, mas desenvolver um olhar mais atento e sensível para as emoções e necessidades dos outros. A comunicação eficaz vai além das palavras e se fundamenta na escuta ativa, no respeito ao espaço alheio e na habilidade de criar conexões autênticas. Quando nos tornamos mais conscientes dos sinais que emitimos e recebemos, fortalecemos nossos relacionamentos e tornamos nossas interações mais naturais e prazerosas, criando laços que transcendem o verbal e se fundamentam na verdadeira compreensão mútua.

# Capítulo 30
# Linguagem do Líder

A comunicação não verbal é uma das ferramentas mais poderosas na liderança. Grandes líderes não são apenas aqueles que sabem falar bem, mas aqueles que sabem se posicionar, transmitir confiança e inspirar sua equipe sem precisar de muitas palavras. A forma como um líder se movimenta, a postura que adota, o contato visual que estabelece e até mesmo os pequenos gestos que realiza têm um impacto significativo na forma como é percebido. A liderança vai além do que se diz; ela se manifesta na presença que se constrói, na autoridade silenciosa que se impõe e na maneira como a linguagem corporal reflete segurança, credibilidade e empatia.

A postura de um líder é o primeiro elemento que transmite sua posição de autoridade. Manter-se ereto, com os ombros alinhados e o queixo levemente elevado, projeta uma imagem de autoconfiança e controle. Uma postura firme, sem rigidez excessiva, comunica equilíbrio e estabilidade, qualidades essenciais para alguém que precisa inspirar e guiar outras pessoas. Líderes inseguros ou despreparados costumam exibir posturas retraídas, com ombros curvados ou movimentos hesitantes, o que pode comprometer a forma como são percebidos. A forma como o corpo ocupa o espaço ao redor também influencia a impressão que um líder causa. Posicionar-se de maneira expansiva, sem exageros, demonstra domínio e presença. Já posturas fechadas, como cruzar os braços ou manter as mãos nos bolsos, podem sugerir desinteresse ou defensividade.

O contato visual é um dos aspectos mais determinantes na comunicação de um líder. Olhar diretamente para as pessoas ao falar transmite confiança e engajamento. Um líder que mantém contato visual equilibrado enquanto se comunica estabelece uma conexão mais forte com sua equipe, garantindo que sua mensagem seja recebida com atenção e respeito. No entanto, o contato visual deve ser natural e intermitente; um olhar fixo e prolongado pode ser percebido como intimidador, enquanto evitar o olhar pode indicar falta de confiança ou desconexão. O segredo está em manter um equilíbrio, alternando momentos de olhar direto com pausas sutis para criar um fluxo natural na interação.

Os gestos de um líder devem ser assertivos e coerentes com sua mensagem. Movimentos das mãos que acompanham o discurso de forma fluida e equilibrada reforçam a clareza da comunicação. Um líder que fala com gestos firmes e precisos é percebido como mais seguro e convincente. Em contrapartida, gesticulações excessivas podem desviar a atenção da mensagem, enquanto a ausência de gestos pode fazer com que a comunicação pareça fria ou distante. Pequenos ajustes nos movimentos podem fazer uma grande diferença. Mostrar as palmas das mãos, por exemplo, transmite abertura e transparência, enquanto apontar frequentemente para as pessoas pode ser interpretado como um gesto agressivo.

A expressão facial de um líder deve refletir coerência emocional. A face humana é um espelho das emoções internas, e um líder eficaz sabe utilizar suas expressões para reforçar sua mensagem. Um sorriso genuíno pode tornar um ambiente mais acolhedor e acessível, incentivando a colaboração e a confiança dentro da equipe. Já uma expressão neutra ou excessivamente séria pode criar uma barreira emocional, dificultando a conexão com os liderados. O equilíbrio entre seriedade e acessibilidade é fundamental: um líder que sorri nos momentos adequados demonstra empatia e proximidade, mas também precisa saber adotar uma expressão firme e determinada quando a situação exige autoridade.

O tom de voz, embora faça parte da comunicação verbal, carrega elementos não verbais que impactam diretamente a percepção da liderança. Um líder que fala com clareza, variando a entonação para enfatizar pontos importantes, mantém a atenção de sua equipe e reforça sua credibilidade. O volume da voz também é relevante: falar baixo demais pode demonstrar insegurança, enquanto um tom muito alto pode ser percebido como agressivo. O ideal é manter uma projeção de voz firme e bem modulada, transmitindo confiança sem parecer impositivo. Pausas estratégicas durante o discurso criam impacto e permitem que a mensagem seja assimilada com mais eficácia.

A forma como um líder se movimenta dentro de um ambiente também comunica sua presença e influência. Caminhar com passos firmes e ritmo moderado transmite determinação e controle. Movimentos apressados ou hesitantes podem sugerir ansiedade ou falta de direção. Em interações diretas, aproximar-se de forma equilibrada, respeitando o espaço pessoal dos interlocutores, cria um ambiente de confiança e colaboração. O posicionamento dentro de uma sala também influencia a dinâmica da comunicação. Um líder que se posiciona de frente para sua equipe, sem barreiras físicas entre eles, transmite acessibilidade e disposição para o diálogo.

A escuta ativa é uma das habilidades mais importantes para qualquer líder, e a linguagem corporal desempenha um papel crucial nesse processo. Demonstrar atenção ao que o outro diz, acenando com a cabeça em momentos apropriados e mantendo o corpo levemente inclinado para frente, reforça o interesse genuíno pela conversa. Expressões faciais que refletem compreensão e empatia ajudam a criar um ambiente onde os liderados se sentem ouvidos e valorizados. Em contrapartida, um líder que desvia o olhar constantemente, cruza os braços ou mantém uma postura rígida pode dar a impressão de desinteresse ou impaciência.

O espelhamento, quando utilizado de forma sutil, pode fortalecer a conexão entre o líder e sua equipe. Ajustar discretamente a postura e os gestos para refletir a linguagem corporal do interlocutor cria uma sensação de sintonia e compreensão mútua. Essa técnica, quando aplicada com naturalidade, gera proximidade sem parecer manipulativa. No entanto, é importante que o espelhamento ocorra de maneira espontânea, pois imitações forçadas podem ser percebidas como artificiais e gerar o efeito oposto.

A gestão de conflitos é um dos momentos onde a linguagem corporal de um líder se torna ainda mais crucial. Durante uma situação tensa, manter a postura aberta e o tom de voz controlado ajuda a reduzir a tensão e facilita a resolução do problema. Expressões faciais neutras, sem demonstrar reações exageradas, transmitem imparcialidade e profissionalismo. Além disso, a escolha do posicionamento físico pode influenciar o desenrolar do conflito: estar sentado ao lado da pessoa, em vez de diretamente à sua frente, pode reduzir a sensação de confronto e facilitar uma abordagem mais conciliadora.

A liderança também se reflete na forma como um líder reconhece e motiva sua equipe. Pequenos gestos, como um aperto de mão firme ou um toque no ombro em momentos de reconhecimento, podem fortalecer o vínculo entre líder e liderados. Expressões faciais de aprovação e gestos de incentivo, como um aceno positivo, reforçam a valorização do trabalho da equipe. Em contrapartida, a falta de expressividade ou a ausência de reconhecimento não verbal pode desmotivar e criar distanciamento.

O impacto da linguagem corporal na liderança não se restringe apenas às interações presenciais. Mesmo em reuniões virtuais, a postura diante da câmera, o contato visual simulado e os gestos moderados influenciam a forma como um líder é percebido. Manter-se visível na tela, evitar movimentos excessivos e utilizar expressões faciais adequadas contribuem para uma comunicação eficaz, mesmo à distância.

Um líder eficaz compreende que a comunicação não verbal é tão importante quanto as palavras que escolhe. Sua postura, expressões e gestos não apenas reforçam sua mensagem, mas também moldam a cultura e o ambiente da equipe. A linguagem corporal do líder define a forma como ele é percebido: uma postura aberta transmite acessibilidade, enquanto a firmeza no olhar e nos gestos comunica segurança. Pequenos detalhes, como um aperto de mão confiante ou uma expressão de encorajamento, podem fortalecer a motivação dos liderados e criar um ambiente onde todos se sintam valorizados e engajados.

Além disso, a coerência entre a linguagem verbal e não verbal é essencial para consolidar a credibilidade do líder. Discursos motivacionais perdem seu impacto se forem acompanhados por gestos hesitantes ou uma postura fechada. Da mesma forma, um tom de voz seguro e pausado pode reforçar a autoridade de um líder durante situações difíceis. Em momentos de conflito, a forma como um líder se posiciona fisicamente, respeita o espaço dos outros e mantém a calma influencia diretamente a maneira como sua equipe reage e lida com desafios. A liderança eficaz exige equilíbrio entre firmeza e empatia, garantindo que as mensagens transmitidas inspirem confiança e respeito.

Um grande líder não se define apenas por suas palavras, mas pela presença que projeta e pela maneira como faz as pessoas se sentirem. Dominar a linguagem corporal não significa apenas demonstrar autoridade, mas também criar conexões genuínas e fortalecer a comunicação interpessoal. Quando um líder se torna consciente do impacto dos seus gestos e expressões, ele se torna não apenas um guia para sua equipe, mas uma verdadeira fonte de inspiração. Afinal, a liderança eficaz não se impõe, ela se conquista através da confiança, do exemplo e da capacidade de se comunicar de forma autêntica e poderosa.

# Capítulo 31
# Crescimento Contínuo

O domínio da leitura corporal não é um destino final, mas uma jornada de aprendizado contínuo. A linguagem não verbal é complexa, fluida e altamente influenciada pelo contexto, o que significa que sempre há mais a observar, mais a entender e mais a aprimorar. Mesmo os maiores especialistas na área nunca cessam sua evolução, pois cada interação humana apresenta novos desafios e nuances que exigem um olhar atento e adaptável. O crescimento nessa habilidade não depende apenas do conhecimento teórico, mas da prática diária, da capacidade de questionar interpretações e da disposição para aprender com cada experiência vivida.

A percepção da linguagem corporal se refina com o tempo, à medida que o observador desenvolve sua sensibilidade para captar mudanças sutis em gestos, expressões e posturas. No início, a atenção pode se concentrar em sinais mais óbvios, como sorrisos, braços cruzados ou contato visual. Com o passar do tempo, porém, o olhar se torna mais apurado, capaz de perceber microexpressões fugazes, variações na respiração ou pequenos ajustes na postura que podem indicar desconforto, interesse ou dissimulação. O avanço ocorre gradualmente, e a paciência é um dos fatores mais importantes no processo.

O registro sistemático das observações pode acelerar o desenvolvimento dessa habilidade. Manter um diário de linguagem corporal, anotando comportamentos percebidos ao longo do dia, pode ajudar a identificar padrões e verificar a precisão das interpretações. Ao revisitar anotações anteriores e compará-las com os desdobramentos das situações observadas, o indivíduo pode testar sua própria capacidade de prever emoções ou intenções com base em sinais não verbais. Essa prática também ajuda a evitar um dos erros mais comuns entre iniciantes: o julgamento precipitado. A interpretação da linguagem corporal nunca deve ser baseada em um único gesto isolado, mas sim na observação de um conjunto de sinais dentro de um contexto mais amplo.

A busca por feedback também é uma maneira eficaz de aprimorar a leitura corporal. Perguntar a amigos, familiares ou colegas de trabalho sobre suas percepções em determinadas situações pode revelar discrepâncias entre o que foi observado e o que realmente se passava na mente da outra pessoa. Esse exercício permite ajustar interpretações e entender melhor como diferentes indivíduos expressam emoções de maneira única. Cada pessoa possui um estilo próprio de comunicação não verbal, e o que pode parecer um sinal de desconforto em uma pessoa pode ser apenas um traço habitual de comportamento em outra.

A ampliação do repertório de interações também é fundamental para o crescimento contínuo. Observar a linguagem corporal em diferentes contextos — desde reuniões formais até encontros casuais, eventos sociais ou até mesmo conversas informais em locais públicos — oferece uma visão mais abrangente das diversas formas de expressão humana. A exposição a diferentes culturas, estilos de comunicação e dinâmicas interpessoais contribui para a construção de um conhecimento mais refinado e menos sujeito a vieses pessoais.

A adaptação é outro pilar essencial no desenvolvimento da leitura corporal. Nenhuma técnica é absoluta, e nenhuma interpretação é infalível. A flexibilidade para reconsiderar análises e ajustar percepções de acordo com novos dados é o que diferencia um observador atento de alguém que confia cegamente em regras fixas. A mente humana é complexa, e a linguagem corporal reflete essa complexidade de maneira imprevisível. Em algumas situações, um sorriso pode realmente indicar felicidade genuína; em outras, pode ser um escudo para mascarar insegurança ou desconforto. O segredo está em reconhecer a fluidez dessas manifestações e evitar a armadilha das interpretações rígidas.

A prática de exercícios específicos pode fortalecer ainda mais a capacidade de decodificação da linguagem corporal. Um dos exercícios mais eficazes é assistir a vídeos de entrevistas ou discursos públicos e analisar a coerência entre as palavras e os gestos dos participantes. Observar políticos, empresários ou figuras públicas enquanto falam pode revelar como a linguagem corporal influencia a credibilidade de uma mensagem. O desafio é identificar momentos em que o corpo parece contradizer o discurso verbal, como uma afirmação de confiança acompanhada de um gesto de incerteza.

Outro exercício útil é tentar prever o estado emocional de uma pessoa antes que ela verbalize qualquer sentimento. Ao observar um amigo ou colega antes de uma conversa, é possível avaliar sua postura, respiração e expressões faciais para tentar deduzir se está animado, cansado, ansioso ou concentrado. Esse tipo de prática treina a percepção e ajuda a validar a própria intuição com base em sinais concretos.

O autoconhecimento também desempenha um papel fundamental no crescimento contínuo. Quanto mais uma pessoa compreende sua própria linguagem corporal, mais facilmente consegue perceber e interpretar a dos outros. Gravar-se em vídeo durante uma apresentação ou ensaiar diferentes posturas e gestos diante do espelho pode revelar aspectos da comunicação não verbal que normalmente passam despercebidos. Ajustar a própria postura, tom de voz e expressões faciais de maneira consciente melhora a clareza da comunicação e permite uma interação mais eficaz com os outros.

A paciência é um fator essencial para o desenvolvimento da leitura corporal. Nenhum observador se torna especialista da noite para o dia, e o progresso ocorre em pequenos avanços acumulados ao longo do tempo. Quanto mais natural for a prática, mais eficaz será o aprendizado. Forçar a observação ou tentar analisar cada pequeno gesto de maneira compulsiva pode levar a interpretações errôneas e até mesmo a uma ansiedade desnecessária em interações sociais. O ideal é permitir que o conhecimento se integre gradualmente ao cotidiano, tornando-se uma segunda natureza em vez de uma preocupação constante.

A ética no uso da leitura corporal também deve ser sempre levada em consideração. Utilizar esse conhecimento para manipular ou induzir comportamentos pode ser prejudicial e antiético. A verdadeira utilidade da linguagem corporal está na construção de relações mais autênticas, na melhoria da comunicação interpessoal e na capacidade de compreender melhor as emoções e necessidades dos outros. Observar sem julgar, interpretar sem condenar e utilizar esse conhecimento de forma empática são princípios essenciais para garantir que a leitura corporal seja uma ferramenta de conexão e não de controle.

O aprendizado contínuo também pode ser enriquecido pelo estudo de novas pesquisas e materiais sobre comportamento humano. Livros, artigos científicos, cursos e palestras sobre psicologia, neurociência e comunicação não verbal oferecem novas perspectivas e aprofundam o conhecimento sobre como as expressões e gestos são processados pelo cérebro humano. A ciência da linguagem corporal está em constante evolução, e aqueles que desejam se tornar mestres na arte da observação devem acompanhar os avanços e descobertas na área.

A leitura corporal, quando desenvolvida com dedicação e inteligência, se torna uma habilidade transformadora. Ela permite compreender melhor as pessoas ao redor, fortalecer relacionamentos, evitar conflitos e aprimorar a própria comunicação. Mas seu verdadeiro valor está na conexão humana que possibilita. Ver além das palavras, captar emoções não ditas e interpretar o que se esconde nos detalhes sutis do comportamento é um privilégio que amplia a percepção do mundo e das pessoas que nele habitam.

A verdadeira maestria na leitura corporal não se trata apenas de identificar gestos ou expressões, mas de desenvolver uma sensibilidade genuína para entender as emoções e intenções por trás de cada movimento. À medida que essa habilidade evolui, o observador percebe que a linguagem não verbal não é um código fixo, mas um fluxo dinâmico de sinais que variam conforme o contexto e a individualidade de cada pessoa. Esse crescimento contínuo não exige apenas conhecimento, mas também empatia e disposição para enxergar além das aparências. Quanto mais se pratica, mais refinada se torna a percepção, permitindo interações mais autênticas e profundas.

Além disso, a jornada de aprendizado na leitura corporal não deve ser encarada como uma busca por certezas absolutas, mas como um aprimoramento constante da intuição e do entendimento humano. Erros fazem parte do processo, e cada interpretação equivocada oferece uma oportunidade de aprendizado. O mais importante não é a perfeição na análise, mas a disposição para ajustar percepções e se adaptar a novas informações. O verdadeiro observador não apenas lê os sinais do corpo, mas aprende a ler também as entrelinhas das emoções, compreendendo que cada indivíduo tem sua própria forma de se expressar.

O crescimento contínuo na leitura corporal não é apenas uma questão técnica, mas um exercício de humanidade. Ao compreender melhor os outros, desenvolvemos também uma maior consciência sobre nós mesmos e sobre o impacto da nossa própria comunicação. Essa habilidade, quando usada com ética e sensibilidade, fortalece laços, melhora a convivência e nos permite navegar pelo mundo com um olhar mais atento e generoso. Afinal, mais do que decifrar gestos, a verdadeira arte da leitura corporal está em reconhecer e respeitar a complexidade e a beleza da expressão humana.

# Epílogo

Ao fechar este livro, algo permanece aberto.

Não se trata apenas de páginas lidas, conceitos compreendidos ou técnicas assimiladas. O que você acaba de vivenciar é uma travessia silenciosa por territórios que antes pareciam invisíveis. Cada gesto, cada olhar, cada inclinação corporal revelada ao longo desta leitura plantou sementes em sua percepção. E agora, o que floresce é um novo modo de ver — mais profundo, mais consciente, mais real.

Você foi convidado a sair do piloto automático da comunicação. Foi guiado, capítulo a capítulo, por uma linguagem que sempre esteve presente, mas que poucos se permitem decifrar. O corpo humano, com sua sabedoria ancestral e precisão instintiva, se revelou como um mapa emocional. Um mapa que não apenas aponta caminhos para entender o outro, mas também para acessar dimensões ocultas de si mesmo.

Ao longo desta obra, você aprendeu a observar além do que é dito. A ouvir o silêncio. A traduzir os sinais. A reconhecer a coerência ou a ruptura entre o discurso e o corpo. E, mais importante, aprendeu a respeitar o contexto, a cultura e a singularidade de cada ser humano. Porque a verdadeira maestria na leitura corporal não nasce do julgamento, mas da compreensão empática.

Não há fim na arte da percepção.

A leitura corporal não é um destino, mas um processo — vivo, dinâmico e contínuo. Assim como as emoções mudam, os comportamentos também se transformam. O que hoje você reconhece como um sinal, amanhã poderá ser um convite para repensar, para observar de novo, com mais sensibilidade e menos pressa. Afinal, ver profundamente exige prática, humildade e presença.

Talvez a maior revelação desta jornada seja esta: o corpo fala aquilo que a alma não ousa dizer. Cada expressão inconsciente, cada movimento involuntário, carrega o eco de verdades guardadas. Ao reconhecer esses fragmentos de autenticidade, você se aproxima do outro com mais compaixão — e de si mesmo com mais coragem.

Neste ponto da leitura, o conhecimento já não pertence apenas ao intelecto. Ele se instala na sua escuta. Ele vive no seu olhar. Ele habita sua postura quando entra em uma sala. Ele se manifesta na sua pausa diante de uma reação. Ele respira junto com o outro em uma conversa difícil. Ele te acompanha, silenciosamente, como um guia interno.

E agora, cabe a você praticar o que foi despertado.

Nos ambientes profissionais, essa sabedoria será aliada poderosa: negociações, entrevistas, lideranças e equipes ganharão novas nuances. Você será capaz de antecipar desconfortos, reforçar confiança, construir autoridade com naturalidade. Mais do que falar bem, você saberá comunicar-se com inteireza.

Na vida pessoal, os vínculos se tornarão mais autênticos. Você perceberá o que nunca foi dito por palavras. Sentirá, no olhar de um amigo, aquilo que ele tenta esconder com um sorriso. Oferecerá conforto sem precisar falar. Dirá "estou aqui" com a presença do corpo, mesmo no silêncio. Essa é a beleza do não verbal: conecta sem exigir performance.

E em si mesmo, você poderá aplicar as lições mais poderosas. Ajustar sua própria postura para se sentir mais confiante. Reconhecer seus sinais de tensão antes que o estresse se manifeste. Identificar seus gestos de insegurança e, com gentileza, acolher as emoções por trás deles. O corpo se torna, então, um instrumento de autoconhecimento e autorregulação.

Mas lembre-se: observar não é vigiar. Interpretar não é controlar. E conhecer a linguagem corporal não é manipulá-la — é honrá-la. Porque cada gesto traz uma história, cada olhar carrega uma intenção, e cada silêncio é uma chance de ouvir o que está além da superfície.

Este livro termina, mas o seu caminho está apenas começando.

A próxima conversa que você tiver, o próximo aperto de mão, o próximo encontro de olhares... tudo isso já não será mais o mesmo. Você levará consigo o poder de perceber o invisível. De se posicionar com mais verdade. De construir relações mais humanas.

E quando, em algum momento da vida, alguém olhar para você e disser: "Você me entende, mesmo sem eu falar nada" — saberá que a jornada valeu a pena.

Continue observando.

Continue aprendendo.

Continue ouvindo o corpo — o seu e o dos outros.

Porque, enquanto houver emoção, haverá expressão.

E enquanto houver expressão, haverá algo a ser revelado.

www.ingramcontent.com/pod-product-compliance
Lightning Source LLC
LaVergne TN
LVHW040053080526
838202LV00045B/3619